1043

Das Buch
Cannabis ist die meistverbreitete illegale Droge. Vier Millionen Deutsche greifen gelegentlich zu Joint und Wasserpfeife. Obwohl der Besitz von Haschisch und Marihuana von der Polizei verfolgt wird, hat jeder dritte Jugendliche schon einmal gekifft. Eltern sind oft hilflos, wenn sie vom Cannabiskonsum ihres Nachwuchses erfahren.
Allen, die sich im Spannungsfeld zwischen eigener Cannabiserfahrung und staatlicher »Aufklärung« alleingelassen fühlen, will dieses Buch eine Hilfe sein. Es wendet sich aber auch an jene, die selbst keinen Kontakt mit der Droge haben und mehr über eines der ältesten Rauschmittel des Menschen erfahren möchten.
»Rauschzeichen« erklärt, was beim Konsum von Cannabis im Körper geschieht, beschreibt Wirkung und Nebenwirkungen ebenso wie die Folgen langfristigen Cannabisgebrauchs. An verständlichen Beispielen aus dem Alltag von Kiffern und deren Angehörigen wird erklärt, wie Abhängigkeit beginnt und wie man riskanten Konsum erkennt.
Die Autoren schildern, wie es zum Verbot der Hanfpflanze kam und wie Cannabis in der Medizin eingesetzt wird. Auch die Möglichkeiten von Hanf als Rohstoff kommen zur Sprache.
Am Beispiel der Niederlande und der USA werden unterschiedliche Konzepte für den Umgang mit Cannabis vorgestellt. Daraufhin wird die drogenpolitische Situation in Deutschland beleuchtet und die Frage aufgeworfen, welche Gefahren und Chancen sich aus einer Legalisierung von Cannabis ergeben können.

Die Autoren
Steffen Geyer, geboren 1979, studierte Rechtswissenschaft in Berlin und ist heute Mitarbeiter des Deutschen Hanf Verbands und Mitorganisator der Hanfparade.
Georg Wurth, geboren 1972, leitet den Deutschen Hanf Verband. 1996 zeigte er sich wegen Besitzes einer geringen Menge Marihuana selbst an. Er lebt mit seiner Familie in Berlin.

Steffen Geyer
Georg Wurth

Rauschzeichen

**Cannabis:
Alles, was man wissen muss**

Kiepenheuer & Witsch

1. Auflage 2008

© 2008 by Verlag Kiepenheuer & Witsch, Köln
Alle Rechte vorbehalten. Kein Teil des Werkes darf in
irgendeiner Form (durch Fotografie, Mikrofilm oder ein
anderes Verfahren) ohne schriftliche Genehmigung des
Verlages reproduziert oder unter Verwendung elektronischer
Systeme verarbeitet, vervielfältigt oder verbreitet werden.
Umschlaggestaltung: Barbara Thoben, Köln
Umschlagmotiv: © Barbara Thoben, Köln
Gesetzt aus der ITC Legacy
Satz: Felder KölnBerlin
Druck und Bindearbeiten: CPI – Clausen & Bosse, Leck
ISBN 978-3-462-03999-3

Inhalt

Vorwort ... 9

1. Kleine Kulturgeschichte des Cannabis ... 13
Von Steinzeitbauern, alten Chinesen und
ausgelassenen Griechen ... 13
Was Karl der Große und George Washington
gemeinsam haben ... 18
Vom Krieg um Hanf zum Krieg gegen Cannabis ... 23
Kommunisten, Hippies und das deutsche
Betäubungsmittelrecht ... 28

2. Wirkung von Cannabis ... 33
Cannabiswirkstoffe im Körper ... 33
Rausch-Wirkung ... 38
Akute Nebenwirkungen ... 47
Risiken durch langfristigen Konsum ... 56

3. Cannabis und Jugendliche ... 67
Jugendliche Cannabiskonsumenten ... 70
Wann kiffen Kinder? ... 73
Konsumhäufigkeit und Konsumententypen ... 75
Gebrauch, Missbrauch, gefährlicher Konsum ... 81
Jugendlichen Cannabiskonsumenten helfen ... 88

4. Cannabis als Rohstoff ... 99
Biologische Systematik und wichtige Begriffe ... 99
Warum Hanf verboten wurde ... 102
Die Wiederentdeckung der Nutzpflanze Hanf ... 105
Deutsches Cannabis heute und in Zukunft ... 107

5. Cannabis in der Medizin — 111
Beipackzettel – Wirkung, Nebenwirkungen,
Gegenanzeigen — 111
Natürliches Cannabis – die verbotene Medizin — 114
Dronabinol, Sativex und synthetisches THC — 118
Zwischen Knast und Krankenhaus — 121

6. Cannabis in der Öffentlichkeit — 123
Medien im Rausch — 125
Zwischen Bierzelt und Wohngemeinschaft — 134
Die Position von Parteien und Regierung — 137
Was sagen die Experten? — 141

7. Cannabis weltweit — 144
Die UNO und der Krieg gegen Drogen — 146
Europäische Drogenpolitik und die EU — 149
USA – zwischen DEA und Medical Marijuana — 153
Niederlande – sind Coffeeshops die Lösung? — 157
Cannabis Social Clubs – Legalisierung durch
die Hintertür? — 162
Was bringt die Zukunft? — 164

8. Legalisierung – Gefahr oder Chance? — 166
Was bedeutet Legalisierung? — 167
Cannabisfachgeschäfte – ein Modell — 168
Auswirkungen der Legalisierung — 172
Bilanz — 197

9. Abstinenz und Wirklichkeit — 198
Ohne Rauch geht's auch? — 198
Wie können Staat und Gesellschaft
Drogenmündigkeit fördern? — 201

Grußwort von Hans-Christian Ströbele
(MdB, Bündnis 90/Die Grünen) — 205
Literaturliste — 209

Vorwort

Über Cannabis ist schon viel geschrieben worden. Warum dieses Buch? Was unterscheidet es von den vielen anderen Büchern über Cannabis?

Wir betrachten das Phänomen des Cannabiskonsums nicht nur aus theoretischer Sicht. Wir haben beide in unserem Leben praktische Erfahrungen mit Cannabis gesammelt und wissen um die Wirkungen dieser Droge. Nicht zuletzt durch unsere Arbeit beim Deutschen Hanf Verband haben wir Bezug zur »Szene«, kennen eine große Zahl von Kiffern persönlich, mit allen denkbaren Konsummustern. Das allein qualifiziert uns zwar noch nicht als Cannabisexperten, hilft uns aber dabei, Cannabis aus unterschiedlichen Perspektiven zu betrachten und Ihnen auch als Angehörige oder Freunde von Cannabiskonsumenten deren Sichtweise und Situation nahezubringen.

Ebenso klar und offen wollen wir vorwegschicken, dass wir eine Legalisierung von Cannabis befürworten. Wenn Sie meinen, unter diesen Vorzeichen könne kein objektives Buch über Cannabis entstehen, befinden Sie sich in guter Gesellschaft. In der *Neuen Zeitung für Strafrecht* (2006 Heft 5) heißt es:

»Von Befürwortern der Legalisierung werden gesundheitliche Gefahren in der Regel herabgespielt, ein Zusammenhang zwischen Cannabis und gesundheitlichen Gefahren wird nicht gesehen und auf den angeblichen medizinischen Nutzen von THC verwiesen.«

Wir hoffen, solche Vorwürfe im vorliegenden Buch entkräften zu können. Wir verweisen zwar tatsächlich auf den nachgewiesenen Nutzen von Cannabis in der Medizin und auch auf die Einsatzmöglichkeiten von Hanf als Rohstoff für eine große Zahl an Produkten, von Lebensmitteln bis hin zu Baumaterialien. Diese Aspekte nennen wir, um Ihnen ein vollständiges Bild der Anwendungsmöglichkeiten zu vermitteln. Mit Hanf als Rauschmittel und der Frage nach der Legalisierung haben sie wenig zu tun.

Dass wir durchaus einen Zusammenhang zwischen Cannabiskonsum und gesundheitlichen Gefahren sehen, macht die lange Liste der Nebenwirkungen und Risiken in diesem Buch deutlich.

Wir haben uns bemüht, ein möglichst objektives Bild von Cannabis zu zeichnen. Dabei stützen wir uns nicht nur auf persönliche Erfahrungen, sondern auch auf jahrelange Recherchen. Wir tauschen uns mit Fachleuten unterschiedlicher Disziplinen aus, seien es Mediziner, Psychiater, Kriminologen, Juristen oder Drogenberater. Zahlreiche Studienergebnisse über Cannabis laufen über unsere Bildschirme, und zwar nicht nur diejenigen, die dramatisch genug sind, um in den Medien Erwähnung zu finden. Cannabis gehört zu den am besten erforschten Substanzen. Wir stellen hier den aktuellen Stand der Wissenschaft dar.

Das Besondere an diesem Buch ist, dass sowohl subjektives Empfinden von Cannabiskonsumenten als auch objektive theoretische Erkenntnisse dargestellt werden. Wir möchten Ihnen Informationen über Cannabis näherbringen, die Kulturgeschichte der Droge, ihre Wirkungen, Risiken und ihre Konsumenten.

Unser besonderer Dank gilt Birgit Geyer, Kathrin, Hans-Georg Behr und Axel Hentschel.

Steffen Geyer & Georg Wurth

Ausgerechnet ein Kiffer

Paul hatte ja mit vielem gerechnet, aber dass Julius Drogen nimmt, hätte er nie gedacht. Dabei fehlte es dem Kind doch an nichts. Klar hatte Julius seine Probleme, aber das ist doch völlig normal für einen 16-Jährigen. Und in der Schule lief es bisher auch nicht schlecht. Zwar hatte der Druck zugenommen, seit Julius das Gymnasium besuchte, aber schließlich sollte aus ihm mal was werden. Und seine Freunde besuchten doch dieselbe Schule, nahmen die etwa auch Drogen?

Freunde. Der Gedanke ließ Paul nicht mehr los. Sicher hatten die seinen Sohn zum Kiffen überredet. Von alleine wäre Julius nie auf solch einen Blödsinn gekommen. Er konnte sich auch gut vorstellen, wer der Schuldige war ...

Ich klinge ja schon wie mein eigener Vater, sagte sich Paul. Unwillkürlich dachte er an seine Jugend. Mein Gott, was hatten sie es in den 70ern krachen lassen. Nächtelang zu den Klängen von Led Zeppelin und den Doors getanzt. Beim Festival im Stadtpark hatte die Clique ihr persönliches Woodstock gefeiert, und er hatte seine Frau kennengelernt. Geld brauchten sie damals keines. Irgendwer hatte immer eine Flasche Rotwein zur Hand oder ließ einen Joint kreisen.

Hatte nicht damals ein Klassenkamerad den Absprung verpasst? Dunkel erinnerte sich Paul an einen Mitschüler, der am Heroin zugrunde gegangen war. Damals hatten alle gesagt, das Hasch sei der Einstieg gewesen. Drohte seinem einzigen Sohn etwa ein ähnliches Schicksal? Der Stoff von heute soll ja viel stärker sein, so hatte Paul es zumindest in der Zeitung gelesen.

Paul ahnte, dass er sich genauer informieren musste, wenn er seinem Sohn in dieser Sache helfen wollte. Sein Vater hatte sich die Mühe damals nicht gemacht und ihn einfach verprügelt. So etwas wollte er Julius niemals antun.

1. Kleine Kulturgeschichte des Cannabis

Die menschliche Kultur ist eine Erfolgsgeschichte, die in weiten Teilen auf Hanfpapier geschrieben wurde.

Von Steinzeitbauern, alten Chinesen und ausgelassenen Griechen

Als Jäger und Sammler verließen unsere Vorfahren die heißen Steppen Afrikas und breiteten sich dank Faustkeil, Speer und Feuer schnell über weite Teile des Globus aus. Irgendwann, lange vor der Erfindung von Rad und Wagen, trafen die frühen Menschen dabei auch auf einen seltsamen Strauch. Wissenschaftler mutmaßen, dass eine Frau im Gebiet des heutigen China auf der Suche nach etwas Essbarem für ihre Kinder als erster Mensch Hanf probierte. Wenn sie auch in keinem Geschichtsbuch erwähnt wird, war ihre Entdeckung für die Entwicklung der Menschheit ähnlich bedeutend wie die des Buchdrucks, den es ohne Hanfpapier vielleicht nie gegeben hätte.

Viele denken heute bei dem Wort Cannabis zunächst an eine Droge, aber vor etwas mehr als 10.000 Jahren bedeutete Cannabis in erster Linie Nahrung. Die Samen der in Asien heimischen Hanfpflanze blieben auch nach Regen und Frost genießbar und wurden von den meisten Tieren gemieden. Heute wissen wir, dass Hanfsamen sehr gesund sind und viele lebenswichtige Aminosäuren enthalten. Damals machten sie wohl einfach satt. Aber auch die Blätter der Pflanze halfen gegen den schlimmsten Hunger.

Mit der Erfindung des Ackerbaus entstanden für die Menschen der Jungsteinzeit neue Chancen. Cannabis gehörte zu den ersten Feldpflanzen, wenn es auch durch die Entdeckung des Getreides als Nahrungsquelle für Menschen an Bedeutung verlor.

Es gilt als sicher, dass man die Blätter der an den Rändern prähistorischer Felder wie Unkraut wuchernden Cannabispflanzen in den folgenden Jahrtausenden als Viehfutter verwendete. Dabei bemerkte man, dass Nutztiere die Stiele der Pflanzen, die extrem widerstandsfähige Fasern enthielten, nicht fressen wollten. Die Eignung von Cannabis als Faserpflanze sprach sich schnell herum. Seile und Schnüre aus Hanf waren denen aus tierischen Materialien in vieler Hinsicht überlegen. So nahmen sie kaum Wasser auf und verloren selbst nass nicht an Festigkeit, was sie für Brunnen und Bewässerungsanlagen schnell unersetzlich machte. Wo es auf hohe Zugfestigkeit ankam, wie bei Geschirren für Zugtiere und den Seilen der frühen Schiffe, war die Hanffaser unschlagbar.

Auch mit Kleidung aus Hanf wurde früh experimentiert. Sie war nicht so weich wie Stoffe aus anderen Fasern, aber in den Kindertagen der menschlichen Zivilisation war Haltbarkeit wichtiger als Komfort. Es verwundert deshalb nicht, dass die ältesten Fundstücke von Menschen produzierten Gewebes aus Hanf bestehen. Die Kunst, Textilien aus Hanffasern zu weben, ist über 8000 Jahre alt und wurde in Südostasien entwickelt.

Die Chinesen waren die Ersten, die Cannabis auch als Heilpflanze einsetzten. Bereits in einem Buch aus dem Jahr 2737 v. Chr. wird seine medizinische Verwendung beschrieben. Im *Pen Tsao*, dem unter Kaiser Shen Nung verfassten ersten Arzneibuch der Welt, heißt es, dass Cannabis als

Heilmittel gegen Malaria, Rheuma und viele andere Unpässlichkeiten eingesetzt werden kann. Blätter und Blüten der Pflanze können »gegen Schmerzen, Übelkeit, Schlafstörungen und weibliche Probleme« helfen.

Den Chinesen war auch die berauschende Wirkung der Blütenstände der weiblichen Cannabispflanzen bekannt. Sie nannten Hanf »Ma«, was so viel wie göttliches Kraut bedeutet. Im *Pen Tsao* heißt es über Cannabisblüten: »Nimmt man sie über eine längere Zeit hinweg, wird man befähigt, mit den Geistern zu sprechen, und der Körper wird leicht.«

Der zivilisatorische Vorsprung der Chinesen zu jener Zeit wäre ohne Hanf undenkbar gewesen. Die Pflanze wuchs in allen Teilen des Reiches und war einer der wichtigsten Rohstoffe. Aus Hanf wurden tausende Produkte hergestellt, darunter Stoffe, Nahrung, Lampenöl, Seile, Medizin und Brennstoff. Sogar seine Steuern konnte man mit Cannabis bezahlen. Die chinesischen Kaiser taten alles, um das Wissen über den Hanf vor Ausländern geheim zu halten. Das erste Hanfgesetz der Welt verbot den Export von Cannabissamen. Trotzdem breitete sich die Cannabispflanze entlang der Handelswege aus.

Mongolen, Inder, Assyrer und Skythen, die Nachbarn der Chinesen, entwickelten schnell eigene Mythen über die Herkunft der Pflanze. So berichtet die indische Schöpfungsgeschichte davon, wie der Gott Shiva vom Himalaya herabstieg, um den Menschen den Hanf zu bringen. Glaubt man den Veden, haben deshalb noch heute alle Blätter der Pflanze die Form der Hand des Gottes. Das von der Wurzel bis zur Spitze verwendbare Cannabis sollte die Menschen so für immer an den göttlichen Ursprung der Natur erinnern.

Bevor er zum Buddha werden konnte, aß Siddharta nach einer Legende sechs Jahre lang nur einen Hanfsamen pro Tag. Bis heute wird der Erleuchtete oft mit einem Chillum, einem Hohlzylinder zum Rauchen von Cannabis, dargestellt.

Über das Reitervolk der Skythen ist wenig bekannt. Als Kultur ohne Schrift blieb ihr Wirken der Nachwelt weitgehend verborgen. Was wir wissen, stammte lange ausschließlich aus der Feder des Griechen Herodot, der 484 bis 415 v. Chr. lebte. In seinem Bericht über die Skythen erzählt er von den Priesterinnen der Göttin Astarte, die ihr Haar mit Hanfblättern, Früchten und Hanfschnur schmückten. Hanf galt bei den Skythen als Zeichen der Fruchtbarkeit.

Herodot berichtet, dass es bei den Skythen üblich sei, Hanfsamen über offenem Feuer verkohlen zu lassen und den entstehenden Rauch zu inhalieren. Viele zweifelten an dieser Darstellung, weil Hanfsamen selbst keinen Wirkstoff enthalten. Die moderne Archäologie belegte die Aussage, die Skythen seien ein Volk von Haschischrauchern, jedoch eindrucksvoll. Demnach verwendeten sie für ihre Rauchzeremonien ganze Blütenstände. Die von Herodot angesprochenen Samen waren also noch in den Cannabisblüten, in denen THC (Tetrahydrocannabinol, der Hauptwirkstoff von Hanf) in hohen Konzentrationen vorkommt.

Auch in Mesopotamien kannte und schätzte man Cannabis. Auf einer Tontafel aus der Zeit um 650 v. Chr., die wahrscheinlich die Abschrift eines weit älteren Textes ist, heißt es von »Qunnubum«, so nannten die Assyrer Cannabis, es »eigne es sich zum Spinnen« von Textilien. Darüber hinaus sei es »gut für das Leben, sein Rauch erhebe die Gedanken«.

Hanfsamen wurden von ersten Händlern bis an die Grenzen der damals bekannten Welt getragen und Cannabis so eine der meistverbreiteten Pflanzen. Auch Europa erreichte es schon sehr früh. Die ältesten Hanffunde aus Deutschland sind gut 5500 Jahre alt.

Die ersten europäischen Kulturen, die im großen Stil vom

Hanf profitierten, waren jedoch die Völker des Mittelmeerraumes. Bereits 2000 v. Chr. befuhren Schiffe das Mittelmeer, die Segel und Taue aus Cannabis besaßen. Der florierende Schiffsverkehr, der damit einhergehende Handel und der Austausch von Wissen waren die Grundlage der antiken Hochkulturen.

Die Griechen verwendeten »Kannabis« nicht nur für Kleidung und Segel. Galen, ein griechischer Philosoph, der um 200 v. Chr. lebte, berichtet von Gebäck mit Hanfblüten, welches »Ausgelassenheit und Vergnügen hervorruft«. Das bei vielen Orakeln und Opferfesten verwendete »thrakische Feuer« wurde mit Hanf geschürt, um »heiligen Rauch« zu spenden. Galen soll es auch gewesen sein, der das Rauchen von Cannabis in speziellen Pfeifen in der Medizin einführte. Er warnte jedoch vor übermäßiger Nutzung des Krautes, da dies der Potenz schade. Genützt hat diese Warnung freilich wenig. Die Griechen führten so große Mengen Cannabis aus Kleinasien und Nordafrika ein, dass es sicher nicht nur als Arznei Verwendung fand.

Bei den Römern galt Cannabis als universelles Heil- und Genussmittel. Dioscorides, Leibarzt von Kaiser Nero, nutzte es, um die Stimmungsschwankungen seines Patienten zu lindern. Apollo, der römische Gott des Frühlings, der Dichter und der Seher, trug nicht nur einen Lorbeer-, sondern auch einen Hanfkranz. Römische Beamte verbreiteten den Hanfanbau bis nach Spanien und prägten das Wort »Kif« für minderwertiges Haschisch aus dem heutigen Marokko. Kiffer waren damals jene, die sich das weit teurere Opium oder »Luxus-Haschisch« aus Syrien und der Türkei nicht leisten konnten.

Was Karl der Große und George Washington gemeinsam haben

Als die Völkerwanderung der Germanen den Untergang des römischen Reichs einläutete, hatten die vermeintlich unzivilisierten Stämme Nordeuropas ganz selbstverständlich Cannabis im Gepäck. In die Gräber der Kelten legte man seit mindestens 500 v. Chr. neben Waffen auch Hanffasern und -samen. Sogar Räuchergefäße findet man in Grabstätten aus jener Zeit.

Die europäische Geschichte blieb nach dem Ende des römischen Reiches mit der Pflanze Hanf verbunden. Cannabis war die wichtigste Feldfrucht des Menschen und nicht selten Grund für Krieg und Zerstörung.

Die Karolinger waren die Ersten, denen es nach den Römern gelang, weite Teile Europas zu einem Reich zu vereinen. Dies verdanken sie nicht nur geschickter Kriegstaktik, sondern auch einem Gesetz Karls des Großen, der in seiner Capitulare von 798 verkündete, dass jeder Bauer auch Cannabis anbauen müsse. Das Gesetz erließ er, weil er für sein gewaltiges Heer große Mengen Kleidung, Schuhe und Seile aus Hanf brauchte.

Welchen Wert der Genuss von Cannabis auf den oft monatelangen Feldzügen für den Erhalt der Moral der Truppe hatte, kann nur vermutet werden. Wegen der Vorliebe der Franken für alkoholische Getränke und psychoaktive Pilze sehen Archäologen keinen Grund, daran zu zweifeln, dass sie um die Wirkung des Cannabisrauchs wussten.

Für das einfache Volk des Mittelalters, die Millionen Bauern und Leibeigenen, war Cannabis die normalste Sache der Welt. »Hennep« und »Hamp« stopfte sich so mancher nach getaner Arbeit in die Pfeife. Hanfsamen waren ein wichtiges Lebensmittel. Mindestens drei Viertel der Textilien des Mittelalters waren aus Hanfstoffen. Cannabis begleitete die

Menschen von der Geburt, bei der schmerzstillende Cannabisarznei verwendet wurde, bis zum hanfenen Strick, an dem manch Bösewicht sein Leben aushauchte. Nur eines kannte man in Europa noch nicht – Hanfpapier.

Zwar hatten die Chinesen Papier aus Cannabisfasern bereits um 100 v. Chr. erfunden, wegen des Wissensmonopols der katholischen Kirche verbreitete sich die Kunst, aus alter Hanfkleidung Papier herzustellen, aber erst im 13. Jahrhundert in Europa.

Christliche Glaubenswächter waren es, die als Erste gegen den Genuss von Cannabis zu Felde zogen. 312 n. Chr. war der römische Kaiser Konstantin zum Christentum übergetreten und hatte die christliche Kirche zur katholischen, also dem Wortsinne nach »allumfassenden« Staatsreligion gemacht. Bald darauf begannen die Geistlichen, jede religiöse Alternative, jeden heidnischen Kult und jede von der Bibel abweichende Lehre auszurotten. Spätestens mit den Kreuzzügen richtete sich der Zorn der Kirche auch gegen Cannabis.

Die Verteufelung von Cannabis, das damals geltende Verbot seiner Verwendung als Genussmittel und Medizin, scheint aus heutiger Sicht in erster Linie der Abgrenzung der Christenheit vom an Stärke gewinnenden Islam gedient zu haben. Der Koran lehnt im Gegensatz zur Bibel den Konsum von Alkohol ab, während das Rauchen von Haschisch in beiden Religionen kaum »göttlichen« Regeln unterliegt. Wohl auch dank dieser mittelalterlichen Drogentrennung ist der Konsum von Cannabis bis heute in »orientalischen« Ländern stärker verbreitet als in den vom Alkohol dominierten »christlichen« Staaten.

Kein Wunder also, dass die Verfolgung der Cannabiskonsumenten im 12. und 13. Jahrhundert in Spanien begann, einem Gebiet, das gerade erst wieder muslimischer Kontrolle entrissen war und nun unter der spanischen Inquisition litt. Mit den Prozessen gegen Heiler und Hexen hielt das Hanf-Rauchverbot in ganz Europa Einzug. Zehntausende fielen dem katholischen Anspruch, im Besitz der alleinigen Wahrheit zu sein, zum Opfer. Unter ihnen auch die inzwischen heilig gesprochene Johanna von Orleans, der man vor Gericht vorwarf, sie habe Cannabis und verschiedene Hexenkräuter genossen und unter deren Einfluss teuflischen Stimmen gelauscht.

Einen fragwürdigen Höhepunkt erlebte der Kreuzzug gegen Cannabis in der Hexenbulle des Papstes Innozenz VIII. aus dem Jahr 1484, in der er verkündete, dass Hanf bei Satansmessen verwendet werde und dies Cannabis zu einem unheiligen Sakrament mache.

Sosehr die Kirchenführer auch gegen das Teufelskraut wetterten, der Konsum von Cannabis verschwand nie. Dies lag auch daran, dass selbst der strenggläubigste Katholik im täglichen Leben auf Nahrung und Kleidung aus Hanf angewiesen war und Cannabis trotz Verbots zum normalen Leben der Bevölkerung gehörte.

Das Ende des finsteren Mittelalters wird von vielen an zwei Ereignissen festgemacht, die beide ohne Hanf so nie passiert wären – Gutenbergs Erfindung des Buchdrucks mit beweglichen Lettern im Jahr 1450 und die Entdeckung der »neuen Welt« durch Christoph Kolumbus 1492.

Ein Großteil der Macht der mittelalterlichen Kirchen verdankten diese ihrer Herrschaft über die Herstellung von Papier aus Pflanzenfasern und der damit verbundenen Kontrolle über die Wissenschaften. Bei den Kriegszügen durch das heutige Israel kamen die Kreuzritter mit der Produktion von Papier aus alter Hanfkleidung in Berührung, die die arabische Welt bereits im siebten nachchristlichen Jahrhundert von den Chinesen übernommen hatte. Es dauerte nicht lange, bis sich auch in Europa die Papiermühlen drehten.

In Nürnberg entstand im Jahr 1290 die erste Papierfabrik Deutschlands. Hier wurden Lumpen aus Hanf und Flachs in einer mit Wasser gefüllten Wanne von Mahlsteinen zerrieben und die nassen Fasern so auf Sieben ausgelegt, dass sie sich beim Trocknen zu Papier verbanden. Dieses Hadern- oder Lumpenpapier war deutlich haltbarer als alles, was man bis dahin in Europa kannte, und deshalb auch die erste Wahl für Gutenbergs Druckversuche. Hätte er seine Bibeln nicht auf Hanfpapier gedruckt, sie wären schon lange zu Staub zerfallen. So aber können wir sie noch nach mehr als 550 Jahren im Original bewundern, und die auf Hanföl basierenden Farben leuchten beinahe wie am ersten Tag.

Auch die christliche Seefahrt ist ohne Hanf schwer vorstellbar. Für die Takelage eines einzigen Überseeschiffes wurden Dutzende Tonnen Hanfseil gebraucht, nur Segel aus Hanftuch hielten den Winden auf offener See stand, und für Seekarten wurde das besonders nassfeste Hanfpapier verwendet. Selbst die Abdichtung der Schiffe bestand aus Hanffasern, die man in Teer getaucht hatte. Noch heute zeugt das Wort »Canvas« (Segel, Tuch, Leinwand) von der Bedeutung des Cannabis für die Schifffahrt.

Kein Wunder, dass der Aufbau einer Kolonie mit dem Anlegen eines Hanffeldes begann. Ohne Material für Seil und Segel in Form von Hanfsamen wären Entdecker viel seltener wieder nach Hause gekommen. Wegen der großen Menge Hanf, die für die Wartung der Segelschiffe benötigt wurde, war ein Transport der Cannabisprodukte auf dem Schiff selbst nicht möglich. Stattdessen führte man Hanfsamen mit sich und produzierte die nötigen Fasern direkt vor Ort.

Kaum hatten die Spanier feste Stützpunkte in der neuen Welt errichtet, erließen sie auch schon die ersten Hanfgesetze und verpflichteten ihre Kolonisten und die Eingeborenen zum Anbau der Cannabispflanze. Es dauerte nicht lange, bis auch die christliche Mission Amerika erreichte, und so erging 1550 durch den katholischen Missionar und Vizekönig der spanischen Karibikprovinzen, Don Antonio Mendoza, das erste Konsumverbot der neuen Welt. Selbstredend galt es zunächst nur für die massenhaft aus Afrika verschleppten Sklaven. Ihren Herren stand es weiterhin frei, zur Pfeife zu greifen.

Den Ureinwohnern Amerikas war die Pflanze bis dahin unbekannt, und so fehlte ihnen zunächst ein Name für den Strauch, den sie auf Geheiß der neuen Herren anbauten. Im heutigen Mexiko entstand so das Wort »Marijuana«.

Wie die mexikanischen Neuspanier auf dieses Wort kamen, ist bis heute nicht nur unter cannabiphilen Ethymologen Grund für Streit. Die Mehrheit sieht in dem Namen eine Verballhornung des christlichen »Maria und Joseph« oder eine Anspielung auf die Zweihäusigkeit der Pflanze. Auch ein indianischer Wortursprung kann nicht ausgeschlossen werden. Das Wort Marihuana fand jedenfalls seinen Weg in die alte Welt und ist heute weltweit Synonym für die Blüten der weiblichen Hanfpflanze und deren berauschende Wirkung.

Cannabis war ein wesentlicher Faktor für die Wirtschaftlichkeit einer Kolonie. Ohne beständigen Hanffaser-Nachschub war es schlicht unmöglich, die in den Kolonien produzierten Rohstoffe und Güter wie Gold und Zucker zu den profitablen Märkten Europas zu verschiffen. Dies galt sogar noch lange nach der Erfindung des Dampfschiffs und unabhängig vom Ort der Kolonie. Ob in Ostindien (Asien), Afrika oder Amerika, immer hatten die europäischen Eroberer Cannabis im Gepäck.

Wer in den englischen Kolonien Nordamerikas etwas zu sagen haben wollte, musste ein Fachmann für den Cannabisanbau sein. Kaum ein Gründungsvater der Vereinigten Staaten, von dem man nicht weiß, dass auch Hanf auf seinen Feldern wuchs. Immerhin wurde bereits 1619 in Virginia ein Gesetz erlassen, das die Kolonisten zum Anbau von Cannabis zwang. Wer sich weigerte, musste mit Gefängnis rechnen. Ähnliche Regelungen galten bis ins 19. Jahrhundert in fast allen Staaten der USA.

Es ist erstaunlich, wie eng der amerikanische Gründungsmythos mit Cannabis verknüpft ist. Die Loslösung vom Britischen Königreich erkämpften sich die USA dank tatkräftiger Unterstützung der heute verbotenen Pflanze. Die Uniformen der Soldaten, der Stoff der neuen Flagge, das Papier der Unabhängigkeitserklärung – ohne Hanf wäre die Geschichte der USA anders verlaufen.

Jefferson, Lincoln und Co. waren nicht nur Faserhanfbauern, sondern wussten auch um die berauschenden Kräfte der Pflanze. So schrieb George Washington, erster Präsident der USA und Mitautor der Unabhängigkeitserklärung, in seinem Tagebuch, dass seine Feldarbeiter dafür zu sorgen hätten, dass die männlichen Pflanzen rechtzeitig ausgerissen werden, bevor sie die weiblichen bestäuben können. Für die Produktion von Hanffasern ist dies unerheblich. Für eine hohe Rauschmittelausbeute unerlässlich.

Vom Krieg um Hanf zum Krieg gegen Cannabis

In weiten Teilen Europas waren Hanffelder ein normaler Anblick. Im heutigen Polen und dem damals zu Österreich gehörenden Ungarn lebte ein Großteil der Bevölkerung vom Cannabisanbau oder stellte Produkte aus Hanf her, die bis in die Mitte des 20. Jahrhunderts zu den wichtigsten Handelswaren gehörten.

Eine besondere Stellung im europäischen Cannabishandel nahm das zaristische Russland ein. Hanf aus Russland stand damals für Qualität wie heute »made in Germany«.

Bis zu 80 Prozent der in Europa gehandelten Seile und Segel stammten aus Russland. Der Zar verdiente am Cannabis mehr Geld als mit dem Pelzhandel. Die Entscheidung, welche Länder vom russischen Qualitätshanf profitieren durften, war die diplomatische Trumpfkarte des Zaren. Oft genug weckte der Cannabishandel daher Begehrlichkeiten bei anderen Herrschern.

Besonders unrühmlich und für die weitere Entwicklung Europas entscheidend war ein Konflikt, der eigentlich zwischen Frankreich und Großbritannien tobte, aber vom Hanf des Zaren Alexander und dem russischen Winter entschieden wurde.

Aus Angst vor einer Ausbreitung der Französischen Revolution in das britische Königreich verhängte Großbritannien 1803 eine Seeblockade gegen Frankreich und seine Verbündeten. Napoleon antwortete mit einem Handelsverbot für britische Waren. Russland machte weiter mit beiden Ländern Geschäfte. Insbesondere mit Großbritannien, das fast 90 Prozent seines Hanfbedarfs im Zarenreich erwarb, hatte man gute Beziehungen.

Frankreich führte zunächst Krieg gegen Preußen und Österreich, deren Herrscher die Folgen der Französischen Revolution rückgängig machen wollten. Nach der Zerschlagung der feindlichen Heere rief Napoleon 1806 die Kontinentalsperre aus und verbot jeden Handel mit Großbritannien. Russland verweigerte sich dem und verkaufte weiter Hanfprodukte an die britische Flotte. 1807 zwang Frankreich den russischen Zaren im Frieden von Tilsit, der Kontinentalsperre beizutreten.

Solcherart vom russischen Hanf abgeschnitten, betrachteten die Briten jedes Schiff, das einen Hafen des Kontinents anlief, als Feind und begannen, auch US-amerikanische Frachter zu beschlagnahmen oder zu versenken. Diesem Schicksal konnten die amerikanischen Seeleute nur entgehen, indem sie ihre Schiffe für den Schmuggel russischen Hanfs nach Großbritannien zur Verfügung stellten.

In den folgenden Jahren verkaufte Zar Alexander mehr oder weniger offen Cannabis über amerikanische Händler an Großbritannien und unterlief damit die Kontinentalsperre. Die öffentliche Aufkündigung der Kontinentalsperre durch den Zaren 1810 machte dies nur noch offiziell. Napoleon rüstete daraufhin 1812 zum Krieg gegen Russland.

Mehr als die Hälfte der fast 600.000 französischen Soldaten verlor durch Hunger und Kälte ihr Leben, ohne dass der verbotene Hanfhandel mit Großbritannien beendet wurde.

Die von den Franzosen besetzten Gebiete Europas nutzen diese Schwächung der Grand Nation und bezwangen Napoleon 1814 in der Völkerschlacht bei Leipzig. Die Niederlage Frankreichs machte den Weg für die modernen europäischen Nationalstaaten frei.

Mit der im 19. Jahrhundert rasant fortschreitenden Industrialisierung und den durch Eisenbahn und Dampfschiff revolutionierten Transportmöglichkeiten nahm auch der weltweite Handel mit Rauschmitteln deutlich zu. Weil nicht nur das British Empire Kolonien rund um die Welt errichtet hatte, mussten sich europäische Politiker mit den Problemen und kulturellen Unterschieden der »überseeischen Besitztümer« beschäftigen.

Bis zum Beginn des 20. Jahrhunderts ging es in der Drogenpolitik ausschließlich um den Zugang zu Drogen produzierenden Ländern oder zu Drogenabsatzmärkten. An die Gesundheit der Konsumenten dachte noch niemand.

Spätestens die beiden Opiumkriege in China (1839–1842 und 1856–1860) machten deutlich, dass es internationale Regelungen für den Rauschmittelhandel geben musste, wenn regelmäßige Waffengänge vermieden werden sollten.

Die Probleme von Drogenkonsumenten wurden von der Politik nur deshalb langsam wahrgenommen, weil christliche Missionare verstärkt über das Elend in den chinesischen Opiumhöhlen berichteten. Als auch in Europa die Zahl der Opiatkonsumenten zunahm, wuchs der Wunsch nach einer weltumspannenden Regulierung der Drogenmärkte. Erste Erfolge erwartete man von der im Januar 1909 in Shanghai anberaumten »Internationalen Opium-Konferenz«. Schnell war jedoch klar, dass die wirtschaftlichen Interessen der Kolonialmächte einer Einigung im Weg standen. So vertagte man sich nahezu ergebnislos.

Auch der zweite Versuch, international gültige Drogenregeln zu vereinbaren, 1912 in Den Haag, behandelte Cannabis nur am Rande. Die Delegierten verständigten sich auf strengere Regeln für den Handel mit Rohopium, Opiaten und Kokain, die jedoch erst nach langen Übergangsfristen in Kraft treten sollten. So ganz wollte keiner auf das lukrative Geschäft mit dem Rausch verzichten.

Die Jahre des Ersten Weltkrieges brachten zwei für die weitere Drogenpolitik entscheidende Entwicklungen. Hunderttausende morphinsüchtig heimkehrende Frontsoldaten veranschaulichten drastisch, welche Folgen unkontrollierte Rauschmittelvergabe haben kann. Und mit dem Völkerbund entstand zum ersten Mal ein Gremium, das multinationale Politik gestalten und durchsetzen wollte.

Den nächsten Schritt auf dem Weg zur weltweiten Ächtung von Cannabis als süchtig machendes Rauschgift ging man 1925 bei einer Opium-Konferenz in Genf. Dort brachten die Delegierten Ägyptens und der Türkei den Antrag ein, auch Cannabis in die Liste der kontrollierten Substanzen aufzunehmen. Dies taten sie nicht, weil es Probleme mit den Konsumenten gab, sondern weil sie ihre landeseigene Cannabisproduktion vor indischer Konkurrenz schützen wollten. Obwohl die Vertreter von 18 der 19 teilnehmenden Staaten keine Informationen über gesundheitliche oder soziale Probleme mit Cannabis hatten, stimmte eine knappe

Mehrheit für den Antrag. Als Gegenleistung für das Ja der Deutschen wurde beschlossen, keine neuen Verkaufsbeschränkungen für Kokain und Heroin zu verhängen. Das Schicksal der deutschen Unternehmen Merck und Bayer hing damals stark vom Erfolg dieser beiden »Medikamente« ab, da sie mit ihnen einen Großteil ihres Umsatzes erwirtschafteten.

Die neue Regelung machte Cannabis noch nicht zu einem verbotenen Produkt. Bis die Willenserklärung von Genf zu einem deutschen Gesetz wurde, vergingen noch einmal vier Jahre. Am 10. Dezember 1929 schließlich beschloss der deutsche Reichstag trotz aller Proteste der Pharmafirmen ein neues Opiumgesetz, das erstmals Cannabisbesitz unter Strafe stellte und bei Zuwiderhandlung mit bis zu drei Jahren Zuchthaus drohte. Seit diesem Tag ist der unberechtigte Besitz berauschenden Hanfs in Deutschland verboten. Die Abgabe in Apotheken war jedoch, bei Vorlage eines ärztlichen Rezeptes, weiterhin in jeder Menge möglich.

Der Anbau von Cannabis blieb legal, weil es für die Nutzpflanze Hanf in vielen Bereichen keine Alternative gab.

In den 30er Jahren ging von den USA eine weltweite Anti-Cannabis-Kampagne bisher ungekannter Größe aus, die Marihuana als Kraut der Mörder und Vergewaltiger, Grund für Wahnsinn und als Todesdroge darstellte. Die als Aufklärung getarnte Propagandaschlacht ist eng mit dem Namen Harry Anslinger verknüpft.

Der seit 1930 für das US Bureau of Narcotics zuständige Anslinger erhielt 1931 die gerade in Zeiten der Depression gigantische Summe von 100.000 Dollar, um die Gefährlichkeit von Cannabis zu beweisen. Mit einer Mischung aus Lügen, Rassismus und Hysterie gelang es ihm, Angst vor der Wirkung eines Genussmittels zu wecken, das den Menschen über Jahrtausende begleitet hatte. Am 1. September 1937 unterzeichnete der amerikanische Präsident Roosevelt den »Marihuana Tax Act«, offiziell nur ein Steuergesetz, das den Anbau und Besitz von Cannabis praktisch verbot.

Weil Anslinger in engem Kontakt mit der Pharma- und Chemieindustrie stand und viele seiner »Freunde« vom Verbot der Nutzpflanze und der Ächtung von Cannabis profitierten, ranken sich bis heute unzählige Verschwörungstheorien um den wahren Grund des damals begonnen Kriegs gegen Cannabis.

Anslinger selbst hat in den 70er Jahren gesagt: »Sicherlich ist Marihuana eher harmlos. Aber die Sache war ein Beispiel dafür, dass ein Verbot die Autorität des Staates stärkt.«

Kommunisten, Hippies und das deutsche Betäubungsmittelrecht

Gerade als die US-Propagandakampagne gegen Cannabis so richtig in Schwung gekommen war, verschaffte der Zweite Weltkrieg der Pflanze eine kurze Atempause.

Der Zweite Weltkrieg führte in allen kriegführenden Nationen zu einer enormen Hanfnachfrage. Weltweit herrschte Cannabismangel. Millionen Uniformen aus Hanfgewebe und unzählige Säcke, Schnürsenkel, Riemen und Stiefel wurden benötigt.

Nicht nur in den USA startete die Regierung groß angelegte Kampagnen zur Wiederbelebung des Cannabisanbaus. Auch Hitlerdeutschland und Frankreich mussten erkennen, wie sehr man vom Import von Cannabisprodukten abhing.

Der Krieg führte dazu, dass Cannabis eine Renaissance erlebte. Dies wurde eindrucksvoll veranschaulicht, als Henry Ford 1941 sein Hempcar vorstellte. Der Clou des Fahrzeugs war nicht die neu entwickelte Karosserie aus Hanf. Ford hatte eine in Friedenszeiten durch das billigere Petroleum verdrängte, uralte Technologie wiederentdeckt. Er betrieb den Motor des Hempcar mit Cannabis-Bioethanol. Ford träumte davon, dass jeder Bauer seine Fahrzeuge mit Kraftstoff aus den auf dem eigenen Feld wachsenden Cannabispflanzen betreiben könne. Schon in den 40er Jahren sah er die Verknappung des Erdöls voraus und in der Energiepflanze Hanf die Lösung für zukünftige Generationen.

Mit dem Ende des Zweiten Weltkriegs 1945 verschwand seine Idee wieder in der Versenkung. Kraftstoffe aus Erdöl waren damals unschlagbar günstig.

Als sich die Staubwolken des Krieges gelegt hatten und die Deutschen mit dem Wiederaufbau begannen, wurde im Juni 1945 die UNO gegründet. Unter ihrem Dach sollte wieder ein Versuch unternommen werden, um Cannabis und andere Drogen weltweit zu verbieten.

Der beginnende Kalte Krieg erreichte auch die Cannabiskonsumenten. Anslinger beschuldigte sie allesamt, Kommunisten zu sein, und erklärte, Cannabis mache pazifistisch und sein Konsum diene den Russen zur Zersetzung der US-Streitkräfte.

Kein Wunder, dass der Chef-Prohibitionsideologe Anslinger innerhalb kurzer Zeit zum Chef der 1947 gegründeten UN-Drogenbehörde ernannt wurde. Konsequent ging er daran, seine Vorstellung von Cannabispolitik in alle Welt zu exportieren.

Anslinger, dessen neueste Kampagne jeden glauben machen wollte, Cannabiskonsumenten würden unweigerlich später auch zu Heroin greifen, konnte 1954 seinen ersten internationalen Erfolg feiern. Mithilfe handverlesener Experten gelang es ihm, der Weltgesundheitsorganisation (WHO) eine Erklärung abzutrotzen, nach der Cannabis und seine Inhaltsstoffe keinerlei therapeutischen Nutzen hätten. So wurde ein vorläufiger Schlussstrich unter die Verwendung von Cannabis als Medizin gezogen.

1961 ächtete die Weltgemeinschaft Cannabis in der »Single Convention on Narcotic Drugs« als »für den Einzelnen voller Übel und für die Menschheit sozial und wirtschaftlich gefährlich«. In dem Vertrag, den alle UNO-Mitgliedsstaaten unterzeichnen, wird die Verwendung der verbotenen Substanzen auf medizinische und wissenschaftliche Zwecke beschränkt. Cannabis, das Millionen Menschen auf der ganzen Welt als Schmerz-, Beruhigungs- und Genussmittel verwendeten, stand juristisch auf einmal auf einer Stufe mit Kokain und Heroin. Schlimmer noch. Da seine medizinische Verwendbarkeit von der WHO bestritten wurde, verschwand Cannabis vollständig von den Arzneimittellisten, während es weiterhin möglich war, Schmerzpatienten Opiate zu verschreiben.

Zwar gab es Kritik am pauschalen Verbot von Cannabis als Medizin. Die Wissenschaft beschäftigte sich dennoch Jahrzehnte nur mit der Schädlichkeit des Konsums.

In Deutschland dachte man lange nicht daran, das seit 1929 unverändert geltende Opiumgesetz den strengeren Regeln anzupassen. Dies änderte sich erst, als sich Kritiker der Großen Koalition und die deutsche Friedensbewegung Mitte der 60er Jahre zur Außerparlamentarischen Opposition (APO) formierten. Weil sich unter den oftmals jungen Oppositionellen viele Cannabiskonsumenten befanden, war Haschischkonsum plötzlich ein politisches Statement. Dies machte die Jagd auf Cannabiskonsumenten zu einer Frage der politischen Überzeugung. Die Medien, allen voran der Springer-Konzern, stürzten sich auf jede erfolgreiche Polizeiaktion gegen die »kiffenden Leistungsverweigerer« und forderten, der Haschisch- und Drogenwelle ein Ende zu machen.

Schnell entstand in der bisher eher unpolitischen Cannabisszene der Wunsch, den offenen Anfeindungen etwas entgegenzustellen. In Berlin gründeten sich deshalb die »Herumschweifenden Haschrebellen«. Diese »Organisation« versuchte mit öffentlichen Smoke-Ins, spontanen Demonstrationen und allerlei undogmatischen Kunstaktionen, die politische Deutungshoheit über Marihuana zurückzugewinnen. Nicht zuletzt durch ihren Wahlspruch »High sein, frei sein, Terror muss dabei sein« gerieten sie dabei in den Fokus der Polizei.

Die sich rasant in Richtung Kriminalisierung der Cannabiskonsumenten bewegende gesellschaftliche Entwicklung konnten sie indes nicht aufhalten. Der Tod des am 4. Dezember 1971 von Polizisten erschossenen Georg von Rauch, einem der Gründer der Haschrebellen, war nur der Auftakt des bundesdeutschen Kriegs gegen Drogen. Am 20. Dezember 1971 wurde das Betäubungsmittelgesetz (BtMG) verkündet.

Das »Gesetz über den Verkehr mit Betäubungsmitteln« wurde in den mittlerweile mehr als 35 Jahren seines Bestehens fortwährend verändert. An den allgemeinen Prinzipien haben die inzwischen über 20 Änderungsverordnungen jedoch nicht gerüttelt. Demnach ist einzig der Konsum von Drogen legal, wenn ihm kein Besitz vorausgeht. Jeder andere Umgang mit Cannabis wird bestraft.

Im Gesetz steht: Bestraft wird, wer »Betäubungsmittel unerlaubt anbaut, herstellt, mit ihnen Handel treibt, sie, ohne Handel zu treiben, einführt, ausführt, veräußert, abgibt, sonst in den Verkehr bringt, erwirbt oder sich in sonstiger Weise verschafft, besitzt, sie durchführt, verschreibt, verabreicht, für sie wirbt, dazu auffordert sie zu gebrauchen, Gelegenheit zum Erwerb verschafft oder dafür Geldmittel bereitstellt«.

1989 kam noch einmal Bewegung in das deutsche Cannabisrecht. Weil die EU den Anbau von sogenanntem Faserhanf mit einem THC-Gehalt von weniger als 0,3 Prozent legalisierte, musste das BtMG um eine entsprechende Vorschrift ergänzt werden. Seit 1993 dürfen Bauern in der Bundesrepublik Cannabis anbauen, allerdings unterliegen sie strengen Vorschriften und müssen regelmäßige Kontrollen ihrer Felder und Höfe über sich ergehen lassen.

Die Wiederentdeckung der Nutzpflanze Cannabis brachte auch dem Genussmittel einen Auftrieb. Mitte der 90er schien es, als wäre seine Wieder-Legalisierung nur eine Frage von Monaten. Die konservative Regierung unter Helmut Kohl wollte den Kampf gegen Drogen jedoch nach dem Vorbild des amerikanischen Präsidenten Reagan zum Wahlkampfthema machen und erarbeitete eine neue Strafvorschrift, die dem »verbreiteten Vertrieb von Cannabissamen für den individuellen Anbau von Hanf zu Rauschzwecken« entgegenwirken sollte.

Der Verkauf von Hanfsamen, wirtschaftliches Standbein der gerade wieder aufkommenden Legalisierungsbewegung, wurde am 1. Februar 1998 illegal. Erstmals wurde mit Cannabissamen ein Produkt der Kontrolle des Drogenrechts unterworfen, das selbst keinerlei berauschende Wirkung besitzt.

In den zehntausend Jahren seit seiner Entdeckung war Cannabis ein ständiger Begleiter des Menschen, lieferte ihm Nahrung, Kleidung, Wärme, Licht, Linderung seiner Schmerzen und verhalf als Genussmittel zu Entspannung. Seit 70 Jahren gilt Hanf als süchtig machende Droge, wird die Tradition der Cannabisbauern und -verarbeiter verleugnet und wird Leidenden in aller Welt eine natürliche und billige Medizin vorenthalten.

2. Wirkung von Cannabis

Cannabiswirkstoffe im Körper

Konsumformen

Als Cannabis bezeichnet man im Wesentlichen Marihuana und Haschisch. Marihuana bedeutet nichts anderes als getrocknete Hanfblüten, während Haschisch ein gepresstes Konzentrat des Blütenharzes ist. Nur sehr selten taucht das noch stärker konzentrierte Haschischöl auf dem Markt auf.

Cannabis wird von Konsumenten in vielfältiger Weise inhaliert oder oral konsumiert. Je nach kultureller Tradition oder persönlichen Vorlieben werden Joints gebaut, Pfeifen gestopft, Verdampfer auf die richtige Temperatur gebracht oder auch Kekse, Kakao und Joghurt mit Cannabis zubereitet.

In der Regel gelangen die Cannabiswirkstoffe durch Inhalieren des Rauches in den Körper. In Europa ist der Joint die gebräuchlichste Konsumform, dies ist eine Tabakzigarette mit Marihuana oder Haschisch. Dabei hat der Tabak selbst erhebliche Wirkungen auf den Körper, was von Anfängern oft mit den Wirkungen des Cannabis verwechselt wird. Auch die Gefahr einer Abhängigkeit oder einer Erkrankung der Atemwege steigt durch den Tabak erheblich.

Hanfprodukte können auch pur geraucht werden, was in den USA üblich ist. Dafür steht ein ganzes Arsenal an Wasserpfeifen, Pfeifen, präparierten Bierdosen und Ähnlichem zur Verfügung. Pur geraucht wirkt die gleiche Konsummenge erheblich stärker, da beim Tabakjoint mehr Wirkstoff verpufft, ohne in die Blutbahn zu gelangen.

Eine weitere Alternative ist die Verdampfung von Cannabis. Dabei wird das Material in dafür vorgesehenen Geräten so weit erhitzt, dass der Wirkstoff verdampft, aber keine Verbrennung des Pflanzenmaterials stattfindet und damit auch kein teerhaltiger Rauch entsteht.

Die Wirkung tritt beim Rauchen unmittelbar ein und erreicht nach 20 bis 30 Minuten ihren Höhepunkt. Innerhalb von zwei bis vier Stunden verflüchtigt sie sich dann weitgehend.

Die zweite wichtige Konsumform ist die orale Aufnahme in Form von Lebensmitteln wie Getränken und Gebäck. Da THC gut fett-, aber kaum wasserlöslich ist, wird Haschisch oder Marihuana meist in fetthaltigen Nahrungsmitteln wie Butter oder Schokolade aufgelöst. Die Wirkung setzt deutlich langsamer ein als beim Rauchen, etwa 30 bis 60 Minuten nach Verzehr. Dadurch ist die Dosierung deutlich schwieriger einzuschätzen. Unbefriedigende Unterdosierung oder äußerst unangenehme Überdosierung kommen bei oraler Aufnahme häufig vor, insbesondere bei unerfahrenen Konsumenten. Außerdem hält die Wirkung länger an, je nach Dosierung drei bis über zehn Stunden, manchmal bis zu 24 Stunden.

Konsumformen wie Sniefen oder Spritzen gibt es bei Cannabis nicht. Allerdings wird im medizinischen Bereich auch mit Kapseln, Tropflösungen und sublingualen Sprays gearbeitet, um Cannabiswirkstoffe ins Blut zu bringen. Auch beim Passivrauchen in kleinen Räumen ist es möglich, so viel THC aufzunehmen, dass die Effekte spürbar werden. Besonders relevant ist das bei Autofahrern, deren Beifahrer Cannabis rauchen.

Wirkstoffe und Rezeptoren

Was passiert im Körper nach dem Konsum von Cannabis?

Die für die Hanfpflanze charakteristischen Wirkstoffe sind die Cannabinoide, von denen es mindestens 60 verschiedene gibt. Die Rauschwirkung wird vor allem durch Tetrahydrocannabinol (THC) hervorgerufen. Aber auch andere Verbindungen wie Cannabidiol (CBD) tragen einen Teil zur Wirkung bei. Möglich wird die Wirkung dieser Stoffe durch das körpereigene Cannabinoidsystem. An vielen Stellen des Körpers gibt es Nervenzellen mit Cannabinoidrezeptoren, die verschiedene Abläufe steuern und koordinieren. Auch im Immunsystem spielen sie eine wichtige Rolle. An diesen Rezeptoren kann THC andocken und seine Wirkung entfalten. Für die gewünschte Rauschwirkung wie Veränderung von Gefühlen und Bewusstsein sind vor allem die Rezeptoren im Gehirn zuständig, dort insbesondere im Kleinhirn, im Hippocampus und der vorderen Großhirnrinde. Darüber hinaus kann THC Bewegungsabläufe, Feinmotorik und Gedächtnis beeinflussen. Medizinisch relevant sind die Wirkungen auf Appetit, Schlaf oder Schmerz.

Im Hirnstamm sind Cannabisrezeptoren kaum vorhanden, sodass lebenswichtige Grundfunktionen wie die Atmung nicht relevant beeinträchtigt werden. Todesfälle durch Überdosierung von Cannabis sind deshalb im Gegensatz zu Heroin oder Alkohol nicht bekannt.

Abbauprodukte und Nachweisbarkeit

Wie verschwinden Cannabiswirkstoffe wieder aus dem Körper?

Das THC wird im Körper zu besser wasserlöslichen Metaboliten abgebaut und dann mit Urin und Stuhl ausgeschieden. Dieser Abbau vollzieht sich nicht so gleichmäßig wie bei Alkohol, bei dem man von ca. 0,1 Promille pro Stunde ausgehen kann. THC verlässt die Blutbahn zunächst sehr schnell und verteilt sich in gut durchbluteten Organen und später im fettreichen Gewebe. Auf diese Weise nimmt die Konzentration im Blut anfangs sehr schnell ab, später immer langsamer. Deshalb kann THC auch lange nach Abklingen der Wirkung im Blut nachgewiesen werden. Außerdem ist dieser Prozess stark vom individuellen Stoffwechsel des Konsumenten sowie von der Häufigkeit des Konsums und der konsumierten Menge abhängig. Der Abbau kann bei einmaligem Konsum bis zu 12 Stunden dauern, bei intensivem Konsum mehr als zwei Tage.

Da sich neben den Abbauprodukten auch ein kleiner Teil des THC im Fettgewebe ablagert, wird immer wieder behauptet, es könne durch ein plötzliches Anfluten großer THC-Mengen aus dem Fettgewebe ein sogenannter »Echorausch« oder »Flashback« auftreten. Diese Theorie konnte nicht bestätigt werden. Allerdings trägt das langsame Ausscheiden von THC und seiner Metaboliten aus dem Fettgewebe dazu bei, dass Abbauprodukte lange im Urin nachweisbar sind. Bei länger anhaltendem intensiven Konsum kann das über einen Monat dauern.

Auch in den Haaren lagern sich THC und seine Abbauprodukte ab, sodass sie dort sehr lange nachweisbar sind. Haare wachsen ca. einen Zentimeter im Monat, sodass in zehn Zentimeter langen Haaren die Konsumgeschichte der letzten zehn Monate nachvollzogen werden kann. Allerdings lässt sich THC in den Haaren nur nachweisen, wenn mehr als zweimal im Monat konsumiert wird. Der Nachweis gelingt bei schwarzen Haaren besser als bei blonden, weil sie pigmentreicher sind.

Wirkung auf Körperfunktionen

Cannabis beeinflusst vor allem das Zentrale Nervensystem und das Herz-Kreislauf-System. Leichte Veränderungen des Blutdrucks kommen häufig vor, stark erhöhte oder sehr niedrige Werte sind selten. Im Stehen sinkt der Blutdruck eher, im Liegen ist er erhöht. Die Pulsfrequenz steigt an. Lange ging man auch von einer Senkung des Blutzuckerspiegels durch Cannabis aus, mittlerweile ist aber klar, dass kein relevanter Einfluss besteht. Bei manchen Konsumenten kommt es zu einer Vergrößerung der Pupillen. Der Augeninnendruck wird durch Cannabis gesenkt, was Auswirkungen auf das Sehvermögen haben und zu geröteten Augen führen kann, sonst aber keine relevanten Folgen hat. Auch die Körpertemperatur kann leicht sinken. Die Darmbewegungen werden langsamer. Die Muskeln entspannen sich.

Selbst bei hoher Dosierung wird keine Körperfunktion lebensbedrohlich beeinflusst.

Toleranzbildung

Die Ausbildung einer Toleranz, also die Notwendigkeit, immer höhere Dosen zu konsumieren, um die gewünschte Wirkung zu erreichen, ist bei Cannabis nur schwach ausgeprägt. Allerdings kann sich mit der Zeit die wahrgenommene Wirkung verändern, einige körperliche Nebenwirkungen sind nach einer Weile weniger ausgeprägt, z. B. die Wirkungen auf das Herz-Kreislauf-System und das Hormonsystem.

Rausch-Wirkung

In diesem Kapitel werden zunächst die gewollten und von den Konsumenten als angenehm empfundenen Wirkungen des Cannabiskonsums beschrieben.

Drug, Set und Setting

Bei allen Rauschmitteln ist die Wirkung abhängig von Drug, Set und Setting, also der Beschaffenheit der Droge (Drug), der eigenen Erwartungshaltung und Konstitution (Set) sowie der Umgebung (Setting).

Betrachtet man den Einfluss der konsumierten Substanz auf den Rausch, so sind nicht allein Konsumform und Menge entscheidend. Es gibt viele verschiedene Sorten von Cannabis, was sich einerseits in der Menge des Wirkstoffes, aber auch in der Zusammensetzung der verschiedenen Cannabinoide bemerkbar macht. Auch in Geruch und Geschmack gibt es große Unterschiede, sodass es bei Haschisch und Marihuana eine ähnliche Vielfalt gibt wie bei Weinsorten. Für die Nutzung als Rauschmittel sind zwei Hauptgruppen des Cannabis wichtig, Cannabis sativa und Cannabis indica. Sativa-Sorten haben einen hohen THC-Anteil bei geringem CBD-Anteil, sie wirken eher anregend und haben eine größere halluzinogene Komponente (high). Indica-Sorten haben einen höheren CBD-Anteil und machen eher stoned, haben also eine sedierende und körperbetonte Wirkung. Durch immer wieder neue Züchtungen und Kombinationen der verschiedenen Arten gibt es ständig neue Sorten auf dem Markt, die eine etwas andere Wirkung versprechen. In entsprechenden Magazinen kann die Beschreibung einer Sorte folgendermaßen aussehen:

Hanfblatt Juli/August 07 über die Sorte »Martian Mean Green«:
Wie ein Schnellzug raste die Wirkung nach einigen Zügen in den Kopf und drehte dort lange Zeit etliche Hochgeschwindigkeitsrunden, hochdosierte Sativa-Power war angesagt, bis der Zug allmählich schwerfälliger wurde und zum Halten kam. Versüßt wurde diese Reise mit einem bei allen Buds gleichen mild-würzigen Haze-dominanten Aroma.

THCene 1/2007 über die Sorte »Sweet Pink Grapefruit«:
Der Geschmack beim Ausatmen ist süß, zitrusfruchtig. Die Wirkung ist stark beruhigend und lange andauernd, aber nicht betäubend. Der Körper ist angenehm entspannt, der Kopf ist aktiviert und angeregt, aber noch zu jeder geplanten Handlung fähig. Sehr klares High, das ein breites Lächeln auf dem Gesicht hinterlässt.

In den Medien wird häufig über stark gestiegene THC-Werte in Haschisch und Marihuana berichtet. Darauf gehen wir im Medienkapitel genauer ein. Tatsache ist, dass es hochprozentige Sorten gibt. Was bedeuten hohe THC-Werte also für den Konsumenten? Eine Gefahr besteht in solchen Fällen im Überraschungseffekt. Insbesondere wenn Konsumenten mit wenig Erfahrung unerwartet starkes Gras rauchen, kann es zu unangenehmen Überdosierungen kommen. Das ist vergleichbar mit ungeübten Alkoholkonsumenten, die zum ersten Mal Schnaps statt Bier trinken.

Es wird oft behauptet, dass hohe THC-Werte dazu führen, dass sich Konsumenten stärker berauschen oder gar schneller abhängig werden. Belege gibt es dafür nicht. Schließlich kann man sich auch mit schwächeren Qualitäten stark berauschen. Man muss dazu nur größere Mengen konsumieren. Wie exzessiv oder moderat konsumiert wird, hängt eher mit der Person als mit dem Stoff zusammen. Auch hier lässt sich das mit Alkohol vergleichen. Für das Abhängigkeitspotenzial ist es wenig entscheidend, ob man Bier oder Schnaps trinkt, die insgesamt mit der Zeit aufgenommene Alkoholmenge ist entscheidend. Ebenso sieht es bei den ehemaligen »Light«-Zigaretten aus. Ihr geringer Nikotingehalt senkt nicht die Gefahr, abhängig zu werden, sondern führt eher dazu, dass die Leute mehr davon rauchen und intensiver inhalieren.

Für die meisten Konsumenten ist ein hoher THC-Gehalt ein Qualitätsmerkmal, das die Gesundheit eher schont als gefährdet. Bei starken Sorten muss man entsprechend weniger inhalieren, um die gewünschte Wirkung zu erzielen. Da Atemwegsprobleme die am häufigsten vorkommende Komplikation bei Cannabiskonsum sind, ist das ein wichtiger Faktor.

Neben der Beschaffenheit der Droge hat auch das »Set«, also die eigene Erwartungshaltung und Konstitution, einen großen Einfluss auf das, was einen an Cannabiswirkung erwartet. Wenn man Angst vor der Wirkung hat, wird sie möglicherweise als bedrohlich wahrgenommen. Es kommt häufig vor, dass die momentan vorherrschende Stimmung verstärkt wird: Depressive Gefühlslagen werden schlimmer, gute Laune wird noch besser. Wer Schwierigkeiten mit Kontrollverlust hat, wird den verwirrenden Einfluss von Cannabis eher als bedrohlich empfinden, während andere das lustig finden. Auch die körperlichen Wirkungen können sehr unterschiedlich ausfallen. Manche bekommen eher Kreislaufschwierigkeiten als andere, manche werden schneller müde, andere finden die Wirkung anregend. Auch ob jemand Probierer, Gelegenheits- oder regelmäßiger Konsument ist, hat eine große Auswirkung. Das geht so weit, dass manche Anfänger bei den ersten Versuchen gar nichts spüren oder nur unangenehme Effekte wie Übelkeit und

Müdigkeit bemerken. Erst nach mehrmaligem Konsum machen sich dann die üblichen Wirkungen bemerkbar – wenn der Probierer bis dahin nicht schon wieder von seinen Versuchen abgelassen hat. Außerdem suchen und erleben insbesondere junge Einsteiger eher intensive und außergewöhnliche Erfahrungen, während »alte Hasen« häufiger die angenehme Stimmung und beruhigenden Effekte erleben und anstreben.

Das »Setting«, also die Umgebung, in der sich der Rausch abspielt, hat großen Einfluss darauf, ob die Wirkung genossen werden kann oder als anstrengend empfunden wird. Wer seinen Zustand vor Eltern oder sonst jemandem verheimlichen muss oder will, wird sich in seiner Haut weniger wohlfühlen als jemand, der von »Mitkiffern« umgeben ist. Auf dem Wohnzimmersofa sind angenehm empfundene Wirkungen wahrscheinlicher als in einer Arbeitssitzung.

Es ist nicht möglich, genau zu definieren, wie Cannabis wirkt. Was folgt, kann nur eine Annäherung sein, eine Aufzählung von häufig beobachteten Wirkungen, Konsummotivationen und Störungen.

Halluzinogene Effekte und Bewusstseinsveränderung

Die spektakulärsten Wirkungen sind sicherlich die halluzinogenen Effekte und eine gewisse »Bewusstseinserweiterung«. Sie treten vor allem bei gelegentlichem Konsum und höheren Dosierungen auf, sind aber nicht so ausgeprägt wie bei klassischen Halluzinogenen, z. B. LSD.

Mit halluzinogenen Effekten sind vor allem veränderte Sinneswahrnehmungen gemeint. In der Regel werden alle Sinne intensiver empfunden. Farben erscheinen kräftiger, Kontrast- und Tiefenwahrnehmung können sich verändern. Der Fokus der Wahrnehmung verschiebt sich, sodass vermeintliche Kleinigkeiten ins Zentrum des Interesses rücken und mit ungewöhnlich großer Aufmerksamkeit und Neugier betrachtet werden. Muster werden intensiver wahrgenommen. Mit geschlossenen Augen stellen sich Fantasiebilder ein. Auch beim Videoabend oder Kinobesuch erhalten die oft bombastischen Bilder auf Bildschirm und Leinwand eine neue Qualität. Ähnlich ist es mit dem Hören, insbesondere bei Musik macht sich das bemerkbar. Es kann passieren, dass man unter dem Einfluss von Cannabis ein Musikstück kaum wiedererkennt, weil man es plötzlich viel detaillierter wahrnimmt. Der Tastsinn wird verändert, Berühren und Berührtwerden werden deutlich intensiver wahrgenommen. Dies führt häufig zu einem verstärkten Vergnügen an Zärtlichkeit und Sex. Die Veränderungen des Geschmacks- und Geruchssinns sind ähnlich und führen dazu, dass so manche vermeintliche Köstlichkeit in nüchternem Zustand eher ernüchternd schmeckt.

Unter Bewusstseinsveränderung ist im Prinzip jede Veränderung des normalen Wachbewusstseins zu verstehen. Kaffee verändert das Bewusstsein, weil er wacher macht, als man es normalerweise wäre. Auch viele Aspekte der Cannabiswirkung zählen zu den Bewusstseinsveränderungen, z. B. eine positive Grundstimmung. Hier soll es aber zunächst um Bewusstseinserweiterung gehen, also Empfindungen, die über die üblichen Grenzen des Bewusstseins hinausgehen. Das kann sich zum Beispiel in einem Gefühl von Schweben bei geschlossenen Augen äußern. Auch eine Art Selbst-Entgrenzung kann auftreten, die üblichen Grenzen des eigenen Körpers verschwimmen und der Geist entfaltet sich freier. Ebenso sind meditative Zustände möglich, in denen der Geist frei zu verströmen scheint. Auch eine entaktogene Wirkung, also verstärkte Kommunikation mit dem eigenen Inneren, kann vorkommen. Das kann im besten Fall heilsam sein und den Konsumenten in seiner Persönlichkeitsentwicklung voranbringen. Diese Wirkungen sind es, die für Menschen mit dem Bedürfnis nach psychedelischen Erfahrungen besonders interessant sind.

Der Schriftsteller Charles Baudelaire beschrieb die Wirkung von Cannabis 1860 folgendermaßen:
Der Haschisch breitet sich über das ganze Leben wie ein wundersamer Lack, er gibt ihm feierliche Farbtöne und hellt es auf bis in die letzten Tiefen. Landschaftsausschnitte, fliehende Horizonte, Perspektiven auf Städte, die in leichenhafter Sturmesfahlheit gespenstisch aufleuchten, oder die in den feuertiefen Gluten der Sonnenuntergänge sich entzünden. (…) Mit einem Worte alles, die Universalität der Wesenheit zeigt sich dir in einem neuen Glanze, wie du ihn dir bisher nicht träumen ließest.

In einem Internet-Forum ist folgender Erfahrungsbericht zu finden:
Ich beginne mich leicht zu bewegen und bemerke die veränderte Körperwahrnehmung: Alles ist sehr leicht, fast so als wenn man auf Wattewolken schwebt oder fliegt. Erst lasse ich meinen Oberkörper nur leicht im Sitzen kreisen, wobei die Bewegung mir sehr viel extremer vorkommt, als sie tatsächlich sein kann.
Dann lehne ich mich leicht zurück und lege dabei meinen Kopf mit geschlossenen Augen in den Nacken. Ich fühle mich dabei wie eine Rakete, die ins All geschossen wird. Ich sehe Sterne, die an mir vorbeischießen, und fühle mich vollkommen schwerelos. Ein wahnsinniges Gefühl! Dann aber wird das Glücksgefühl so stark, dass ich lachen muss.

Die bisher beschriebenen Wirkungen haben eine starke Entfernung von der gewöhnlich wahrgenommenen Realität zur

Folge. Der Begriff der »weichen« Droge sollte nicht darüber hinwegtäuschen, dass Cannabis eine stärkere Realitätsverfremdung, mehr »Kirmes im Kopf« hervorruft als z. B. Ecstasy oder Amphetamin. Diese Tatsache wird oft von Anfängern unterschätzt, die wegen der als wenig riskant beschriebenen Auswirkungen des Cannabiskonsums keine besonders beeindruckende Erfahrung erwarten. Einige mit chemischen Partydrogen erfahrene Menschen verzichten aus diesem Grund auf Cannabis, weil ihnen die Wirkung zu anstrengend ist.

Kurzzeitgedächtnis

Cannabis hat einen deutlichen Einfluss auf das Kurzzeitgedächtnis. Es kann so weit herabgesetzt sein, dass man sich kaum daran erinnert, was man zuletzt gesagt hat. Einen roten Faden in ein Gespräch zu bekommen kann sehr schwierig sein. Gemeinsam mit der ohnehin gesteigerten Laune und Albernheit kann das in einer netten Runde amüsant werden. Aber auch ungewöhnliche, assoziative Gespräche und Gedanken können das Ergebnis sein, manchmal ziemlich unsinnig und sprunghaft, manchmal kreativ und einfallsreich. Das wird noch dadurch unterstützt, dass häufig andere Themen als üblich fokussiert werden, vermeintliche Nebensächlichkeiten bekommen mehr Aufmerksamkeit.

Das herabgesetzte Kurzzeitgedächtnis ist vermutlich auch für eine Veränderung des Zeitgefühls verantwortlich. Die Zeit scheint sich zu dehnen und viel langsamer zu vergehen, was wiederum zusammen mit der euphorisierenden Wirkung zu mancher Belustigung führen kann (»Was, erst fünf Minuten um, ist ja unglaublich, hihi«). Es geht der Witz um, dass ein Dauerkiffer sein Leben verlängern und auf gefühlte 500 Jahre ausdehnen kann.

Entspannung und Beruhigung

Eine ganz wesentliche Konsummotivation ist das Streben nach Entspannung und Beruhigung. Diese Entspannung findet auf mehreren Ebenen statt. Einerseits werden auf der rein körperlichen Ebene die Muskeln entspannt, was insgesamt zu einem angenehm entspannten Gefühl führen kann. Der Eindruck gemächlicher Langsamkeit macht sich breit. Auf der anderen Seite empfinden die Konsumenten oft auch eine starke psychische Entspannung. Es fällt leichter, das alltägliche Gedankenkarussell ein paar Stunden hinter sich zu lassen und sich mit anderen Dingen zu beschäftigen. Stress und Leistungsdruck treten in den Hintergrund. Viele mehr oder weniger regelmäßige Konsumenten genießen den entspannenden »Feierabendjoint«. Und das quer durch alle sozialen Schichten, vom Arbeiter bis in die Chefetagen.

> Als Erstes macht sich ein extremes Glücks- und Friedensgefühl breit. Ich fühle mich mit der ganzen Welt vereint und empfinde eine große Harmonie. Auch wenn ich an negative Dinge denke, überwiegt das optimistische Grundgefühl (...).
> *Anonymer Erfahrungsbericht aus einem Internet-Forum*

Insgesamt hat der Cannabisrausch sowohl stimulierende als auch sedierende Wirkungen, wobei die anregenden Wirkungen eher am Anfang der Wirkung stehen, während am Ende die beruhigenden Effekte in den Vordergrund treten. Manche nutzen Cannabis auch als Einschlafhilfe.

Manche Konsumenten schaffen es, Probleme mit Cannabis zumindest kurzzeitig von sich wegzuschieben, ebenso wie es viele mit Alkohol oder ärztlich verordneten Medikamenten machen. Das funktioniert auf Dauer natürlich nicht, dennoch kann die Herbeiführung einer »Problempause« zunächst eine willkommene Wirkung sein. Auch eine Befreiung von Ängsten wird beschrieben.

Einfluss auf das Miteinander

Wie schon mehrfach angedeutet, steigert Cannabis tendenziell die Laune bis hin zu Euphorie und Albernheit. Breites Grinsen ist unter Cannabiskonsumenten weit verbreitet, nach wenigen Zügen werden manchmal die »Backenklammern angelegt«. Kichernde und gackernde Runden sind keine Seltenheit, aber auch eine ruhige, behagliche oder wohligwarme Atmosphäre wird oft empfunden, zu der auch das Herumreichen eines Joints gehört. Insbesondere mit Freunden und Gleichgesinnten entsteht ein Gefühl der Zusammengehörigkeit. Man hat den Eindruck, sich besser in den anderen hineinversetzen zu können. Deshalb wird der Einfluss von Cannabis auf die zwischenmenschliche Kommunikation häufig auf der Plusseite des Kiffens vermerkt.

> Ich stelle fest, dass ich sehr viel sensibler auf das Verhalten meiner Umwelt reagiere. Sowohl Mimik als auch Körpersprache und verbal Mitgeteiltes scheinen ein Mehrfaches an Information zu bieten als der normale Wachzustand.
> *Anonymer Erfahrungsbericht aus einem Internet-Forum*

Außerdem sind Cannabiskonsumenten in der Regel sehr friedlich, was viele insbesondere in Abgrenzung zur Wirkung von Alkohol schätzen. Während der Fußballeuropameisterschaft in Portugal wurde aus diesem Grund großzügig über das Kiffen hinweggesehen, während der Alkoholkonsum eingedämmt wurde. Es war ein ungewöhnlich friedliches Fußballereignis.

Cannabiskultur

Auch die Eigenheiten der Cannabiskultur haben ihren Reiz. Ebenso wie bei Pfeifenrauchern oder Weintrinkern bieten die verschiedenen Haschisch- und Grassorten immer wieder unterschiedliche Wirkungen und Geschmacksrichtungen. Abwechslungsreiche Konsistenz, Aussehen und Herkunft der Ware machen fast jede Probe zu einem neuen Erlebnis. Es ist eben nicht so, wie oft behauptet, dass Cannabis nur zum sinnlosen Berauschen taugt, während Alkoholkonsum allein eine Kultur für sich in Anspruch nehmen kann. Wie sollte es auch anders sein bei 160 Millionen Cannabiskonsumenten weltweit.

Akute Nebenwirkungen

Neben den angestrebten Wirkungen des Cannabiskonsums kommt es regelmäßig zu einer Vielzahl von ungewollten Nebenwirkungen. Manche dieser Nebenwirkungen werden vom Konsumenten nicht unbedingt als negativ wahrgenommen, sondern als Begleiterscheinungen hingenommen, die das Wohlbefinden nicht wesentlich beeinträchtigen. Praktisch alle ungewollten Nebenwirkungen verstärken sich mit der Menge des konsumierten Cannabis und verschwinden mit dem Abklingen der Wirkung langsam wieder.

Körperliche Nebenwirkungen

Bei vielen Cannabiskonsumenten kommt es zu einer Rötung der Bindehaut, vielleicht das charakteristischste von außen sichtbare Merkmal. Meist stört dieser Effekt nicht weiter beim Genuss des Hanfrausches. Die Rötung verschwindet nach Abklingen der Wirkung wieder, es kommt nicht zu bleibenden Schäden für die Augen. Nur bei Personen, die von vornherein Probleme mit der Bindehaut haben, kann dies zu einer deutlichen Belastung führen. Auch Träger von Kontaktlinsen mögen diesen Aspekt der Cannabiswirkung nicht. Die Tatsache, dass rote Augen auf Cannabiskonsum hindeuten, wird von vielen nicht geschätzt, schließlich gilt es oft, den Konsum vor Eltern und Umfeld geheim zu halten.

Bei manchen Konsumenten kommt es zu einer Vergrößerung der Pupillen und starker Lichtempfindlichkeit. Grelles Licht wird als unangenehm empfunden. Das wirkt sich auch auf die Sehfähigkeit im Dunkeln aus, die Gewöhnung des Auges an wechselnde Lichtverhältnisse verlangsamt sich. Neben den Auswirkungen auf das räumliche Sehen und der damit einhergehenden verminderten Orientierung ist das einer der Gründe, warum Autofahren unter Cannabiseinfluss nicht ratsam ist.

Durch die Verminderung des Speichelflusses kommt es oft zu einem trockenen Mund, die Zunge klebt förmlich am Gaumen. Verstärkter Durst ist die Folge, insbesondere auf klare, wenig klebrige Flüssigkeiten wie Wasser. Die Mundtrockenheit verstärkt auch einen möglicherweise auftretenden Reizhusten, der durch das Rauchen hervorgerufen wird.

Cannabiskonsum bringt häufig verstärkten Hunger mit sich, insbesondere Appetit auf Süßes. Ein regelrechter »Fressflash« kann die Konsumenten überkommen und die Vorräte im Kühlschrank beuteln. Die Verringerung der Verdauungstätigkeit kann allerdings auch zu stärkerem Völlegefühl führen. Erklärt wurde der verstärkte Appetit lange mit der Senkung des Blutzuckerspiegels. Da diese Wirkung von Cannabis mittlerweile als nicht signifikant angesehen wird, ist klar, dass andere Faktoren dafür verantwortlich sind. Dazu zählt z. B. der verstärkte Spaß am Essen (es schmeckt besser), aber auch der Einfluss von Cannabis auf Rezeptoren in Gehirn, Darm und Fettgewebe.

Relativ häufig kommt es vor, dass Cannabis Müdigkeit und Schläfrigkeit hervorruft. Bei Anfängern, die oft mehrere Versuche benötigen, um überhaupt eine Cannabiswirkung zu verspüren, ist das oft die erste Auswirkung, die sich bemerkbar macht. Nicht wenige verzichten nach dieser Erfahrung auf weitere Versuche. Schließlich ist es nicht besonders befriedigend, einen Abend, den man in angeregter Atmosphäre mit Freunden verbringen wollte, stark sediert und teilnahmslos im Abseits zu sitzen.

Auch auf den Schlaf selbst hat Cannabis Auswirkungen. Tendenziell nimmt die Tiefschlafphase zu und die REM-Phase ab, was dazu führt, dass man nach Cannabiskonsum weniger träumt. Ob die fehlende Verarbeitung von Erlebnissen und Gedanken im Traum Auswirkungen auf die Psyche hat, ist nicht bekannt. Allerdings fühlen sich insbesondere gelegentliche Konsumenten oft am folgenden Morgen nicht ausgeschlafen.

Die leicht herabgesetzte Körpertemperatur kann zu unangenehmem Frösteln führen. Der Wunsch nach wärmerer Kleidung oder Decken kommt auf.

Neben einem angenehm schwebenden Körpergefühl können die Entspannung der Muskeln und die Verringerung von Gleichgewichtsgefühl und Orientierung insbesondere bei größeren Mengen auch zu einer Verringerung der motorischen Leistungsfähigkeit führen, also zu unsicherem Gang, langsamen Bewegungen und verwaschener Sprache.

Übelkeit bis hin zu Erbrechen und Kopfschmerzen sind seltene Nebenwirkungen des Cannabiskonsums.

Herz und Kreislauf

Zu den sehr unangenehmen Nebenwirkungen zählen die häufig vorkommenden Kreislaufprobleme und Schwindelgefühle. Gerade bei höheren Dosierungen haben erhöhte Herzfrequenz und abgesenkter Blutdruck im Stehen schon so manchen Konsumenten in die Horizontale gezwungen. Man ist dann nur noch in der Lage, auf einem Sofa auszuharren und die Dinge über sich ergehen zu lassen. Im Extremfall kann es zu einem Kreislaufkollaps kommen.

Der höhere Puls wird – mit oder ohne Kreislaufprobleme – manchmal als unangenehmes Herzrasen empfunden. Zu bedrohlichen Situationen kann das möglicherweise bei Personen mit Herzerkrankungen führen, denen vom Cannabiskonsum abzuraten ist. Auch ältere Menschen sollten deshalb vorsichtig mit Cannabis umgehen.

An dieser Stelle sei noch einmal erwähnt, dass noch kein Todesfall durch eine Überdosierung von Cannabis dokumentiert wurde.

Schwangerschaft und Stillzeit

Cannabinoide überwinden ab der zweiten bis dritten Schwangerschaftswoche die Plazentaschranke und gelangen somit in das Blut des Fötus. Ebenso gelangen die Wirkstoffe in die Muttermilch, wenn auch in sehr geringen Mengen. Welche Auswirkungen das auf die Kinder hat, ist umstritten. Es gibt Hinweise auf eine kürzere Schwangerschaft und ein verringertes Geburtsgewicht, allerdings ohne weitere gravierende Auswirkungen auf die körperliche Gesundheit des Kindes. Allerdings wird angenommen, dass die Aufnahme von Cannabiswirkstoffen bei Ungeborenen im späteren Kindesalter Auswirkungen auf deren geistige Leistungsfähigkeit hat. Das wird mit den Auswirkungen der Wirkstoffe auf die Entwicklung verschiedener Neurotransmittersysteme erklärt. Geringe neurologische Defizite könnten die Folge sein. Berichtet wird von leichten Auffälligkeiten der Kinder bei sprachlichen Fähigkeiten, bei Gedächtnis und Aufmerksamkeit, bei »visuellen Problemlösungssituationen«, geistiger Flexibilität bei Problemlösungen, Selbstkontrolle und der Selbstregulierung des eigenen Verhaltens.

Diese Auswirkungen beziehen sich auf mehr oder weniger regelmäßigen Cannabiskonsum der Mutter insbesondere in der Schwangerschaft. Ob Cannabiskonsum auch während der Stillzeit Auswirkungen hat, ist nicht bekannt.

Obwohl diese Befunde nicht eindeutig sind und Cannabis im Vergleich zu anderen Drogen, insbesondere Alkohol und Tabak, weniger dramatische Auswirkungen hat, muss Schwangeren und Stillenden aus Vorsichtsgründen vom Cannabiskonsum abgeraten werden.

Psychische Nebenwirkungen

Psychische Nebenwirkungen spielen bei Cannabis eine größere Rolle als die körperlichen. Auch hier gibt es große Unterschiede. Manche Nebenwirkungen sind nicht dramatisch, zumindest solange sie nicht in Situationen auftreten, in denen besondere Ansprüche an den Konsumenten gestellt werden. Andere Nebenwirkungen können durchaus als sehr bedrohlich empfunden werden. Problematisch kann die Unvorhersehbarkeit der Wirkung sein, insbesondere bei unerfahrenen Konsumenten, die nicht wissen, was auf sie zukommt. Sie erwarten vielleicht etwas Ähnliches wie beim Alkoholrausch und sind mit den Effekten überfordert. Es handelt sich zum großen Teil um die gleichen Effekte, die von vielen Konsumenten als angenehm empfunden werden. Es kommt immer darauf an, wie der Konsument damit umgeht, in welcher Stimmung er ist und in welcher Situation konsumiert wird.

Die Verringerung der Konzentration und des Kurzzeitgedächtnisses kann wie erwähnt in einer entspannten Runde durchaus für Belustigung sorgen. In der Schule oder anderen Lernsituationen ist das aber äußerst kontraproduktiv. Zusammenhänge können teilweise nicht mehr erfasst und ins Gedächtnis überführt werden, der Konsument ist völlig »verpeilt«. Man liest z. B. eine Seite immer wieder und weiß am Ende trotzdem nicht, worum es geht. Auch in Gesprächssituationen kann das unangenehm sein. Wenn es nicht darum geht, herumzualbern oder den Gedanken freien Lauf zu lassen, sondern den Sorgen und Nöten eines Freundes oder einer Freundin angemessen zu begegnen, ergibt sich kein erfreuliches Miteinander, insbesondere wenn die Gesprächspartner nüchtern sind.

Wirre Gedanken können auch unerfreulich sein, wenn man allein ist und keinen klaren Gedanken mehr fassen kann. Das Gefühl eines heillosen Durcheinanders kann sich einstellen.

Es gibt zwar keine derartigen »Filmrisse« wie bei Alkohol, dass man sich etwa nicht mehr erinnern kann, wo man gewesen ist, aber oft kann man sich an Inhalte von Gesprächen oder Details des Erlebten am nächsten Tag nicht mehr erinnern.

Passend zu den sedierenden körperlichen Wirkungen kann während der Wirkdauer auch der »geistige Antrieb«, die Motivation, stark reduziert sein. Der Konsument wird träge und vermeidet jede zusätzliche Anstrengung, er wirkt matt und teilnahmslos, ist »stoned«.

Cannabiskonsum führt nicht in jedem Fall zu guter Laune und Euphorie, sondern kann auch Traurigkeit und depressive Stimmung mit sich bringen. Bei manchen Cannabiskonsumenten kann es zu Ängsten und Panikreaktionen kommen. Die Ängste beziehen sich meistens auf die als bedrohlich empfundenen Wirkungen von Cannabis, insbesondere die verzerrte Wahrnehmung der Realität. Gemeinsam mit den körperlichen Nebenwirkungen von Cannabis, z. B. Kreislaufproblemen, kann das in Einzelfällen sogar zu Todesangst führen.

> Als ich mich nach dem letzten Zug (sehr, sehr heftig) vor den Fernseher setzte, wurde mein Herzschlag um das Dreifache schneller und ich bekam Panikattacken, ich dachte, ich müsse sterben, und zitterte am ganzen Körper, als wären es minus 15 Grad oder noch kälter. Es tat schon weh, so stark war das Zittern. Ich wollte versuchen zu schlafen, aber das war unmöglich, denn immer wenn ich die Augen schloss, sah ich so furchtbare Wesen, sie sahen aus wie der Teufel, und ich hatte ständig dieses Gefühl, ich müsse wirklich sterben.
> *Anonymer Erfahrungsbericht aus einem Internet-Forum*

Auch die sogenannte »Kifferparanoia« ist keine Seltenheit. Das Gefühl, beobachtet zu werden, oder dass die Leute über einen reden, kennen viele auch im nüchternen Zustand, etwa wenn sie sich fragen, wie die eigene Kleidung von anderen beurteilt wird. Solche Gefühle werden unter dem Einfluss von Cannabis tendenziell verstärkt. Bei manchen geht das so weit, dass sie Stimmen zu hören glauben, die über sie reden. Das wiederum kann Angst und Panik hervorrufen. Manche Konsumenten verzichten deshalb zumindest in der Öffentlichkeit auf Cannabis. Das Verbot von Cannabis verstärkt die »Kifferparanoia« noch, denn die Gefahr, entdeckt zu werden, ist mit realen strafrechtlichen Risiken verbunden.

In der extremen Ausformung ähneln Angstzustände und Kifferparanoia einem psychotischen Schub. Damit kommen wir auf die schwerwiegendste Nebenwirkung des Cannabiskonsums zu sprechen. Wie beschrieben kann Cannabis die normale Wahrnehmung der Realität stark verzerren. Akustische und optische Wahrnehmungen können sich so stark verändern, dass sie sich zu einer Reizüberflutung verdichten, man ist in seinem eigenen »Film« gefangen, fühlt sich von seiner Umgebung entfremdet. Der Konsument erlebt einen »Horrortrip«. Auch bekannte Personen und Freunde werden womöglich als bedrohlich, verzerrt und fremd wahrgenommen. Zusammen mit der Unfähigkeit, einen klaren Gedanken zu fassen und sich auszudrücken, mit unangenehmen oder ungewohnten körperlichen Effekten, mit gesteigerter Angst und dem totalen Verlust des Zeitgefühls kann das zu einem völligen Kontrollverlust führen.

> Sobald ich in seine Nähe kam, bekam er es mit der Angst zu tun, wurde absolut panisch und stürmte in die Wohnung und dann raus auf die Straße. (...) Er dachte in seinem Rausch, ich wollte ihn umbringen. Daher war er vor mir geflohen.
> *Anonymer Internet-Bericht über den Horrortrip eines Freundes*

In einem solch aufgewühlten Zustand kann es dazu kommen, dass Themen aus dem Unterbewusstsein auftauchen, die dort lange geschlummert haben. Sie treten plötzlich und brachial zum Vorschein und werfen die betroffene Person völlig aus der Bahn. Wer einen Abend in gemütlicher Runde oder einen entspannten Feierabend erwartet hat, ist sicher wenig begeistert, wenn auf einmal die lange verschütteten Familien- oder Beziehungsprobleme durch den Kopf stürmen.

Abschließende Bemerkungen

Ebenso wie sich die gewünschten Wirkungen nicht bei allen Konsumenten gleichermaßen einstellen, treten auch die

Nebenwirkungen nur bei manchen auf. Einige Nebenwirkungen kommen häufiger vor, z. B. Mundtrockenheit, eher selten sind dramatische Auswirkungen wie Angstschübe oder Panikattacken. Starke Wahrnehmungsveränderungen treten eher bei Anfängern als bei erfahrenen Konsumenten auf. Insgesamt überwiegen bei einer großen Mehrheit der Konsumenten die als positiv empfundenen Effekte. Darüber hinaus verschwinden die unangenehmen Nebenwirkungen mit Abklingen des Rausches in der Regel wieder. Menschen, bei denen die negativen Aspekte überwiegen, geben das Kiffen meist nach wenigen Versuchen wieder auf.

Nach Abklingen der Wirkung verbleibt manchmal noch eine verringerte Motivation, die sich auch am nächsten Tag mit einer gewissen Mattheit oder moderater Verringerung der körperlichen und geistigen Leistungsfähigkeit bemerkbar macht. Einen ausgeprägten Kater, wie man ihn nach Alkoholkonsum kennt, gibt es zur Freude der Hanfliebhaber nicht.

Dass die Fahrtüchtigkeit durch Cannabiskonsum verringert wird, liegt angesichts der beschriebenen Wirkungen nahe, auch wenn sich die Fachwelt einig ist, dass die Beeinträchtigung zumindest bei mäßiger Dosierung nicht so ausgeprägt ist wie bei Alkohol. Das liegt auch daran, dass Cannabiskonsumenten ihre Fähigkeiten eher unter- als überschätzen und entsprechend vorsichtiger fahren.

Immer wieder wird behauptet, es könne nach Cannabiskonsum zu einem sogenannten »Flashback« kommen, also zu einem Wiederaufflackern der Wirkung lange nach dem eigentlichen Konsum. Dieses Phänomen wird zwar hin und wieder von Konsumenten berichtet, es gibt aber keinen wissenschaftlichen Beweis für die Existenz von Flashbacks. Als Erklärung wird gelegentlich die Anreicherung und anschließende Freisetzung von THC im Fettgewebe angeführt, aber diese ist zu gering, um einen solchen Effekt hervorzurufen.

Abschließend sei erwähnt, dass Mischkonsum mit anderen Drogen die Wirkung von Cannabis stark beeinflussen kann. Viele Konsumenten schätzen diese Wechselwirkungen. Sie machen den Rausch aber auch unberechenbarer und können negative Effekte enorm verstärken. Zusammen mit Alkohol steigt die Wahrscheinlichkeit, starke Übelkeit und Erbrechen zu erleben. Die Wahrnehmungsveränderungen können kombiniert mit Halluzinogenen ungeahnte Ausmaße erreichen, Herzrasen oder Paranoia können sich zusammen mit Amphetamin oder Ecstasy verstärken usw. Bei Mischkonsum ist also grundsätzlich besondere Vorsicht angebracht.

Risiken durch langfristigen Konsum

Bei den Folgen des langfristigen und regelmäßigen Konsums gibt es große Unterschiede, wenn man die verschiedenen Konsummuster betrachtet. Auch jemand, der einmal pro Woche oder einmal pro Monat Cannabis konsumiert, gilt als regelmäßiger Konsument. Sogar bei täglichen Konsumenten gibt es erhebliche Unterschiede in der konsumierten Menge, die von ca. 0,1 bis hin zu mehreren Gramm pro Tag variieren kann. Dementsprechend steigt mit größeren Konsummengen auch die Wahrscheinlichkeit, eine der beschriebenen Langzeitwirkungen zu erleben. Außerdem gilt für fast alle Folgen des Cannabiskonsums, dass sie reversibel sind, also nach Beendigung des Konsums wieder nachlassen oder verschwinden.

Atemwegserkrankungen

Diverse Probleme mit den Atemwegen gehören bei dauerhaftem Cannabiskonsum zu den häufigsten negativen Auswirkungen. Natürlich treten sie nur bei Personen auf, die Cannabis rauchen, sie können durch orale Aufnahme vermieden oder durch die Benutzung von Vaporizern (Verdampfungsgeräten) stark verringert werden. Beim Rauchen wird Cannabis in den meisten Fällen mit Tabak vermischt, was die Probleme verstärkt. Dabei ist die Art der Schäden bei Tabak und Cannabis ähnlich, weil in beiden Fällen Pflanzenmaterial verbrannt wird, wobei weitgehend die gleichen Schadstoffe wie Teer, polyzyklische Kohlenwasserstoffe und Nitrosamine in die Lunge gelangen.

In den letzten Jahren haben immer wieder Forscher darauf hingewiesen, dass das Rauchen von Joints deutlich schädlicher sei als das von Zigaretten. Ein Joint sei so schädlich wie bis zu vier Zigaretten auf einmal. Das ist nachvollziehbar, weil ein Joint meist mehr Pflanzenmaterial enthält als eine Zigarette, meist ohne Filter geraucht wird und der Rauch tiefer inhaliert und länger in der Lunge gehalten wird, um die Wirkung zu steigern. Auch wer Cannabis pur raucht, inhaliert mehr schädliche Verbrennungsprodukte als bei der gleichen Menge Tabak. Dabei ist allerdings zu beachten, dass Cannabiskonsumenten in der Regel sehr viel weniger Joints oder pures Cannabis rauchen als Tabakraucher Zigaretten.

Im November 2007 warnten Schweizer Lungenspezialisten vor schwersten irreversiblen Lungenschäden durch regelmäßiges Kiffen.[1] Sie hatten eine auffällige Häufung von ungewöhnlichen Lungenschäden bei relativ jungen Menschen beobachtet, die einige Jahre intensiv Joints und Zigaretten geraucht hatten. Diese Patienten erlitten den Kollaps eines ganzen Lungenflügels durch übergroße Lungenbläschen. Bei Nur-Tabak-Rauchern wurde dieses Phänomen nicht

---

[1] Ralph Schmid und Kollegen vom Inselspital Bern im »European Journal of Cardiothoracic Surgery«

festgestellt. Ob sich dieser Verdacht nach weiteren Forschungen bestätigen wird, bleibt noch abzuwarten; ebenso, ob die Krankheit auch bei Cannabiskonsumenten möglich ist, die nicht zusätzlich Tabak rauchen.

Klar ist, dass Cannabisrauchen den Atemwegen schadet. Insbesondere akute und chronische Bronchitis, Entzündungen der Nasen- und Rachenschleimhäute und eine leichte Verengung der Atemwege und andere entzündliche Prozesse können auftreten. Sogenannter Raucherhusten stellt sich ein, der oft mit regelmäßigem schleimigen Abhusten verbunden ist. Auch Halsschmerzen sind nicht selten.

Ob Cannabisrauch allein, also ohne Tabak, auch Krebs erzeugen kann, ist bisher wissenschaftlich umstritten. Es gibt dazu verschiedene widersprüchliche Studien. Dem Cannabiswirkstoff THC werden krebshemmende Wirkungen zugeschrieben, sodass sich die beiden Wirkungen möglicherweise gegenseitig aufheben und ein Zusammenhang deshalb schwer nachzuweisen ist. Es ist nicht erwiesen, erscheint aber möglich, dass zumindest starker und anhaltender Cannabiskonsum zu Krebs führen kann. Hier geht es wohlgemerkt nur um Krebserkrankungen der Atemwege, weitere Krebserkrankungen durch Cannabis sind nicht bekannt.

Herz-Kreislauf-System

Obwohl Cannabis den Pulsschlag erhöht, hat der Konsum bei gesunden Menschen keinen schädlichen Einfluss auf das Herz-Kreislauf-System. Patienten, die an einer koronaren Herzkrankheit oder Angina Pectoris leiden, sind allerdings gefährdet und sollten kein Cannabis konsumieren.

Hormon- und Immunsystem

Cannabis hat auf das Immunsystem sowohl stärkende als auch schwächende Einflüsse, die aber bei gesunden Menschen nach derzeitigem Stand unbedenklich sind.

Cannabis scheint Einfluss auf verschiedene Hormone zu haben, allerdings sind diese Effekte bei gewohnheitsmäßigen Cannabiskonsumenten durch die Entwicklung einer Toleranz geringer. So wird gelegentlich von einer Senkung des Testosteron-Spiegels bei Männern berichtet, wobei die Werte immer noch im Normbereich lagen. Auf die männliche Erektionsfähigkeit hat Cannabis keinen negativen Einfluss. Einige Studien wiesen die Verringerung der Spermaproduktion nach, allerdings litt die Qualität des Spermas nicht, eine Verringerung der Fruchtbarkeit bei Männern konnte bisher nicht nachgewiesen werden. Lediglich bei Männern, deren Fruchtbarkeit von vornherein aus anderen Gründen verringert ist, kann eine negative Wirkung nicht ausgeschlossen werden.

Bei Frauen sieht die Sache ähnlich aus, es gibt anscheinend geringe Auswirkungen auf den Menstruationszyklus, vereinzelt wurden Zyklen ohne Eisprung beobachtet. Insgesamt gibt es aber keine negativen Auswirkungen auf die Fruchtbarkeit.

Dass starker Cannabiskonsum bei Jugendlichen negative Auswirkungen auf die sexuelle und hormonelle Entwicklung haben kann, ist zumindest nicht auszuschließen.

Giftigkeit und Erbgutschäden

Die Giftigkeit von THC für innere Organe wird als sehr gering eingeschätzt. Im Gegensatz zu Alkohol werden Magen, Leber, Niere und Herz nicht in relevantem Maße angegriffen, ebenso wenig wie gesunde Zellen.

Gelegentliche Behauptungen, Cannabis sei erbgutschädigend, entbehren jeder Grundlage.

Gehirn

Das Gleiche gilt auch für Nervenzellen. Sie werden, anders als bei Alkohol, durch Cannabis nicht geschädigt.

Dass eine Verringerung der geistigen Leistungsfähigkeit zu den akuten Wirkungen des Cannabiskonsums zählt, wurde bereits beschrieben. Insbesondere Aufmerksamkeit, Gedächtnis und die Fähigkeit, etwas zu lernen, werden herabgesetzt. Diese Beeinträchtigungen scheinen jedoch auch bei chronischem Konsum zu keiner dauerhaften Verringerung der geistigen Leistungsfähigkeit zu führen. Befunde von Langzeitstudien[2] sprechen eher dafür, dass sich entsprechende Defizite schon nach einigen Tagen Abstinenz normalisieren. Lediglich bei sehr extremen Konsumenten waren moderate Beeinträchtigungen noch länger feststellbar.

Bei Jugendlichen, die vor dem 17. Lebensjahr mit dem Konsum begonnen haben, könnten die Auswirkungen stärker sein als bei Erwachsenen, da bei ihnen die Entwicklung des Gehirns, die »Verdrahtung« der Gehirnzellen noch in vollem Gange ist.

Abgesehen davon gilt: Wer ständig breit ist, muss auch damit rechnen, dass seine geistige Leistungsfähigkeit ständig verringert ist.

Abhängigkeit

Man unterscheidet körperliche Abhängigkeit und psychische Abhängigkeit.

---

[2] S. Kleiber/Kovar, »Auswirkungen des Cannabiskonsums«, 1998, S. 144 f.

Körperliche Abhängigkeit wird dadurch definiert, dass die Beendigung des Konsums unangenehme oder gar gefährliche körperliche Effekte und Reaktionen nach sich zieht. Lange ging man davon aus, dass Cannabis gar keine körperliche Abhängigkeit hervorruft. Einige Experten haben das in letzter Zeit medienwirksam in Frage gestellt. Tatsächlich kommt es bei manchen starken Dauerkonsumenten zu milden körperlichen Symptomen nach Beendigung des Konsums. Am häufigsten wird von Schlafstörungen berichtet, das Einschlafen fällt schwerer, der Schlaf wird oberflächlich, es wird viel geträumt. Auch verstärkter Speichelfluss, verminderter Appetit, Übelkeit, Schwitzen, Zittern oder Durchfall sollen vorkommen, jedoch jeweils in milder Form. Diese Symptome verschwinden nach wenigen Tagen. Wir hören auch immer wieder Berichte von Dauerkonsumenten, die bei Konsumpausen, etwa wegen Urlaubs oder Krankenhausaufenthalts, keinerlei körperliche Entzugserscheinungen feststellen. Insgesamt sind diese gelegentlich auftretenden Symptome als so mild zu bezeichnen, dass es unsinnig ist, sie als körperliche Abhängigkeit zu bezeichnen, die vergleichbar wäre mit anderen Drogen wie Heroin oder Alkohol. Diese Substanzen rufen so starke und schmerzhafte Entzugserscheinungen hervor, dass sie einen Konsumenten von der Beendigung des Konsums abhalten können oder im Fall von Alkohol oder Medikamenten sogar lebensgefährlich werden können. Beides ist bei Cannabis nicht der Fall.

Allerdings führt Cannabiskonsum bei einem Teil der Konsumenten zu einer psychischen Abhängigkeit. Diese zeigt sich durch den starken Wunsch, Cannabis zu konsumieren, durch Schwierigkeiten, den Konsum zu kontrollieren, oder durch anhaltenden Konsum trotz schädlicher Folgen. Versuche, den Konsum einzustellen, sind oft mit Angst, Unruhe und Nervosität verbunden. Für die Frage, ob jemand psychisch abhängig ist oder nicht, gibt es international anerkannte Kriterien. Nicht zuletzt wegen der Illegalität von Cannabis fällt es Forschern schwer, genau zu ermitteln, wie hoch der Anteil der psychisch abhängigen Konsumenten ist. Eine Untersuchung ergab, dass reine Cannabiskonsumenten, die keine anderen Drogen konsumieren, lediglich zu 2 Prozent eine psychische Abhängigkeit aufweisen. Der Anteil steigt, wenn auch andere Drogen konsumiert werden oder im Jugendalter mit dem Konsum begonnen wurde. Die Deutsche Hauptstelle für Suchtfragen geht davon aus, dass ca. 4–7 Prozent aller Cannabiskonsumenten psychisch abhängig sind. Auffällig ist, dass die Konsumenten selbst häufiger davon ausgehen, abhängig zu sein, als sie es nach den anerkannten Kriterien tatsächlich sind. Sie neigen also dazu, ihren regelmäßigen Konsum kritisch zu betrachten.

In den meisten Fällen geht die Cannabisabhängigkeit mit anderen psychischen Störungen oder Problemen einher, z. B. Depressionen, sozialen Phobien, Angststörungen oder mangelndem Selbstwertgefühl, die meist schon vor dem Konsum vorhanden waren. Auch die persönliche Situation spielt eine große Rolle, so erhöhen Probleme mit dem Freundeskreis, der Beziehung oder der Familie die Wahrscheinlichkeit für eine Cannabisabhängigkeit ebenso wie allgemeine Perspektivlosigkeit oder Arbeitslosigkeit.

Allgemein kann wohl gesagt werden, dass der Versuch, mit Cannabis seine Probleme aus der Welt zu schaffen, nicht nur zum Scheitern verurteilt, sondern auch im Hinblick auf eine mögliche Abhängigkeit riskant ist. Schließlich kann der Konsum die Schwierigkeiten nur kurzzeitig ausblenden. Wenn die Wirkung nachlässt, sind die Probleme ebenso wieder da wie der Wunsch nach dem nächsten Joint.

Wichtig ist an dieser Stelle der Hinweis, dass für die meisten Cannabiskonsumenten die Kifferzeit ein vorübergehendes Phänomen ist. Viele steigen schon nach wenigen Versuchen wieder aus, aber auch Dauerkonsumenten verringern ihren Konsum in der Regel nach einer Weile oder beenden den Konsum, wenn sie in den Dreißigern sind und Familie und Beruf eine größere Bedeutung bekommen. Das gilt auch für Leute, die zwischenzeitlich als abhängig einzustufen sind.

> Ich rauche selber ab und zu, vielleicht einmal in zwei Monaten. Ich war ein Jahr exzessiv am Rauchen, also täglich. Und da kann ich absolut nicht bestätigen, dass Cannabis nicht süchtig macht, nicht körperlich, aber psychisch, und das meiner Meinung nach nicht zu gering.
> *Anonymer Erfahrungsbericht aus einem Internet-Forum*

Der Einfluss von Tabak spielt bei vielen eine unterschätzte Rolle. Sie haben sich mit dem Tabakjoint an regelmäßige Nikotinzufuhr gewöhnt. Da Nikotin eine starke Abhängigkeit erzeugen kann, wird so manche »Tüte« wegen des Nikotins geraucht. So bleiben viele Kiffer nach Beendigung des Cannabiskonsums von Tabak abhängig.

Einstiegsdroge

Bis in die heutige Zeit wird immer wieder behauptet, Cannabis sei eine Einstiegsdroge, führe also mehr oder weniger zwangsläufig zum Konsum anderer Drogen. Hartnäckig wird diese Theorie von manchen Drogenberatern, Polizisten oder Politikern gebetsmühlenartig wiederholt. Begründet wird das damit, dass die meisten Heroinkonsumenten zuvor auch Hasch geraucht haben. Diese Betrachtung ist zwar so weit richtig, übersieht aber, dass dem Cannabiskonsum in der Regel Zigaretten und Alkohol vorausgehen. Cannabis hat auf dem Weg von den legalen Drogen zu

Heroin & Co. keine besondere Schrittmacherfunktion. Die große Mehrheit der Cannabiskonsumenten steigt nie auf andere illegale Drogen um. Gegen die Einstiegsdrogen-Theorie spricht auch, dass der Cannabiskonsum in den letzten zehn Jahren deutlich zugenommen hat, während die Zahl der Heroinkonsumenten eher gesunken ist.

Deshalb ist sich die Fachwelt weitgehend einig, dass Cannabis keine Einstiegsdroge ist.[3]

Soziale und psychische Auswirkungen

Bei manchen regelmäßigen Cannabiskonsumenten werden ernsthafte Störungen im Sozialverhalten oder bei der Bewältigung ihres Alltags deutlich. Sie zeigen nur noch wenig Interesse an Schule, Ausbildung oder Beruf, einige ziehen sich zurück bis zur totalen Isolation. Das hat dazu geführt, dass manche Experten von der Existenz eines »Amotivationalen Syndroms« durch Cannabiskonsum ausgegangen sind, d. h. allgemeiner Antriebsverringerung, Gleichgültigkeit gegenüber Alltag und sozialen Bindungen, Mangel an Durchhaltevermögen, Leistungs- und Zukunftsorientierung. Dieses Phänomen existiert tatsächlich bei einem kleinen Teil der Cannabiskonsumenten. Heute sind sich Forscher aber weitgehend darin einig, dass dafür weniger Cannabis, sondern eher Faktoren in der Persönlichkeit der Betroffenen verantwortlich sind. Die meisten Cannabiskonsumenten zeigen auch nach langfristigem Konsum keine Verringerung ihres Leistungsvermögens oder ihrer Leistungsbereitschaft. Auch ihre sozialen Bindungen leiden in der Regel nicht. Allerdings konsumieren Personen, die sowieso allgemein oder in einer bestimmten Lebensphase wenig Leistungsbereitschaft zeigen, besonders häufig Can-

---

[3] S. Kleiber/Kovar, »Auswirkungen des Cannabiskonsums«, 1998, S. 180–183

nabis. Die Droge mit ihrer sedierenden Wirkung scheint zu ihnen zu passen, sie ist sozusagen Trägersubstanz ihres derzeitigen Lebensgefühls und verstärkt möglicherweise diese Tendenz.

Es gibt auch Hinweise auf positive Wirkungen des Konsums, etwa eine Erhöhung des Selbstwertgefühls oder verbesserter Stressabbau.

Eine allgemeine Verschlechterung der psychischen Gesundheit, z. B. des Wohlbefindens, konnte nicht festgestellt werden.

Psychosen

Cannabiskonsum kann während der akuten Wirkung psychotische Zustände mit Desorientiertheit, gestörtem Ich-Gefühl und paranoiden Symptomen hervorrufen. Normalerweise verschwinden diese Effekte mit Abklingen der Wirkung wieder.

Es kann aber vorkommen, dass sich bei Cannabiskonsumenten dauerhafte schizophrene Psychosen einstellen. Ein Zusammenhang zwischen Cannabiskonsum und Psychosen ist erwiesen, da sich unter Psychosepatienten überdurchschnittlich viele Cannabiskonsumenten befinden.

Die Forscher sind sich weitgehend einig, dass Cannabis latent vorhandene schizophrene Psychosen zum Ausbruch bringen kann (»triggern«). Man geht davon aus, dass etwa ein Prozent der Bevölkerung anfällig ist für Psychosen bzw. im Laufe des Lebens psychotische Schübe erlebt. Dafür sind z. B. erbliche Faktoren verantwortlich. Bei diesen Personen kann Cannabis zu einem früheren Ausbruch der Krankheit führen und den Krankheitsverlauf wahrscheinlich negativ beeinflussen.

Ob Cannabis auch Psychosen bei Personen verursachen kann, die dafür nicht anfällig sind, ist umstritten. Das wird immer wieder so dargestellt, ist aber keinesfalls erwiesen. So gibt es in Ländern mit hohem Cannabiskonsum nicht mehr Psychosepatienten als in anderen.

Dass Psychosepatienten besonders häufig Cannabis konsumieren, könnte auch darauf zurückzuführen sein, dass sie Cannabis mit seiner sedierenden und beruhigenden Wirkung im Sinne einer Selbstmedikation nutzen.

Sicher ist jedenfalls, dass insgesamt nur sehr wenige Cannabiskonsumenten von Psychosen betroffen sind. Selbst unter extremen Konsumenten sind es nicht mehr als drei Prozent.

Fazit

Zusammenfassend kann festgehalten werden, dass Cannabis keine harmlose Droge ist. Der Konsum kann eine Vielzahl von mehr oder weniger dramatischen Auswirkungen haben. Dennoch bringt dieses Genussmittel weniger schwerwiegende Folgen mit sich als Alkohol. Eine entsprechende Auflistung der möglichen Auswirkungen des Trinkens zeigt deutlich gravierendere Probleme, egal, ob man gesundheitliche und soziale Auswirkungen oder das Abhängigkeitspotenzial betrachtet.

Die relevanten Langzeitfolgen tauchen nur bei einer relativ kleinen Minderheit der Konsumenten auf, die meisten empfinden das Kiffen als Bereicherung ihres Lebens. Cannabis ist eben ein ganz normales Genussmittel mit Licht- und Schattenseiten.

3. Cannabis und Jugendliche

Hilfe, mein Kind kifft!

Paul fühlte sich beruhigt und etwas besser. Das Internet hatte ihm in den vergangenen Stunden eine Menge über Cannabis verraten. Aber er wusste, dass seine Sorgen nur in den Hintergrund getreten waren. Das beklemmende Gefühl, einen möglicherweise suchtgefährdeten Sohn zu haben, würde sicher wieder hervorkommen, wenn er die Informationen über Hanf, Cannabis, Haschisch und Marihuana erst mal verdaut hatte. Schon diese vielen Namen machten es schwer. Und wirklich schlauer, was er mit Julius machen sollte, war er ja immer noch nicht.

Zumindest hatte Paul verstanden, dass keine Panik nötig war. Offensichtlich war Cannabis nicht über Nacht zu einer anderen, gefährlicheren Droge als der seiner eigenen Jugend geworden. Aber wie sollte er seiner Frau beibringen, dass ihr Sohn ein Kiffer war? Wusste er das überhaupt sicher? Paul hasste solche Entscheidungen! Was, wenn er die Pferde scheu machte und Julius das Hasch nur zufällig in der Tasche hatte? Dann lieber erst mal abwarten. Vielleicht klärte sich ja alles von allein.

Die Wochen verstrichen, ohne dass Paul an den Krümel Haschisch dachte, den er beim Waschen in der Hosentasche seines Sohnes gefunden hatte. Eines Tages, Paul döste gerade dem Ende eines Elternabends entgegen, durchfuhr es ihn wie ein elektrischer Schlag. Hatte Herr Schmidt, der grauhaarige, konservativ erscheinende Klassenleiter von Julius, gerade über Drogen gesprochen? Mit einiger Mühe gelang es Paul, sich die letzten Minuten des Elternabends ins Gedächtnis zu rufen.

Ein Polizist war in Julius' Klasse gewesen und hatte die Kinder über Drogen aufklären wollen. Bei einigen Schülern hatte er für seine Bemühungen nur Hohn und Spott geerntet, und nun wollte Herr Schmidt mit den Eltern der Übeltäter sprechen. Als auch Julius' Name fiel, wäre Paul am liebsten im Boden versunken. Verstohlen blickte er sich im Klassenzimmer um. Wer waren die anderen »schlechten Eltern«?

Ein Mann meldete sich zu Wort, selbst Vater eines der Kinder, deren Namen gerade genannt worden waren: »Herr Schmidt, jetzt bleiben Sie doch mal auf dem Boden. Wir wissen doch alle, dass ein Joint kein Beinbruch ist. Das ist doch heutzutage völlig normal! Wenn dann ein Polizist mit dem erhobenen Zeigefinger daherkommt, darf man sich nicht wundern, wenn der eine oder andere Lausejunge das lustig findet.«

Ein Raunen ging durch das Klassenzimmer. Zustimmendes Gemurmel und kaum versteckte Abscheu waren zu Pauls Überraschung annähernd gleich verteilt. Hatte der Mann ausgesprochen, was viele dachten?

Da ergriff eine Frau das Wort. Nicht nur ihr feuerrotes Gesicht machte deutlich, dass sie zu den Entsetzten gehörte. Fast überschlug sich ihre Stimme, als sie sagte: »Das ist ja wohl die Höhe. Mein Kind nimmt keine Drogen! Das ist anständig erzogen. ... Und überhaupt. Warum schmeißen Sie die Kiffer nicht einfach raus? Muss erst jemand an der Nadel landen, bevor die Schule etwas unternimmt? Lesen Sie denn keine Zeitung?« Mit einem mehr gehauchten als gesprochenen »Ich bin entsetzt« ließ sich die Frau wieder auf ihren Stuhl fallen.

Paul würde mit Julius sprechen müssen, so viel war sicher. Und mit seiner Frau. Und er wollte mit dem Mann ins Gespräch kommen, der so verrückt gewesen war, Herrn Schmidt vor allen Leuten zu widersprechen. Vielleicht wäre das ein guter Anfang. Zumindest war es der Teil, vor dem er am wenigsten Angst hatte.

Beim Gehen stellte er sich dem Fremden vor. Frank hieß der und war bereit, sich von Paul auf ein Bier und ein Gespräch über Jugend und Drogen einladen zu lassen.

Als Paul zwei Stunden später nach Hause kam, merkte er erst am sich bewegenden Schlüsselloch, dass es nicht bei einem Bier geblieben war. Dafür hatte er einfach zu viele Fragen gehabt. Und Frank war bereit gewesen zu antworten. Frank kiffte selbst gelegentlich und hatte mit seinem Sohn auch schon lange über Cannabis gesprochen. »Das ist wie mit den Blumen und Bienen«, hatte er gesagt. »Wer das Gespräch über Drogen zu lange vor sich herschiebt, geht für seine Kinder ein Risiko ein. Oder hast du mit der Aufklärung gewartet, bis Julius den ersten Porno gesehen hatte?«

Es gab aber auch eine Menge Fragen, die Frank nicht beantworten konnte. Um mit Julius übers Kiffen zu sprechen, fühlte sich Paul noch immer nicht ausreichend informiert. Er würde sich in den nächsten Tagen erst mal mit dem Drogenberater in Verbindung setzen, den Frank ihm empfohlen hatte. Vielleicht sogar eines der Bücher lesen, die während ihres Gesprächs erwähnt worden waren.

Eigentlich erstaunlich. Laut Frank gab es alleine in ihrer Stadt eine Handvoll Hilfsangebote für Kiffer und ihre Eltern, aber er hatte noch nie darüber gelesen. Wenn die Zeitungen über Cannabis schrieben, ging es irgendwie immer um Dealer oder Leute, die Cannabis angebaut hatten. Nichts als Polizeiarbeit und Gerichtsgeschichten.

Paul wusste nun, dass es an der Zeit war, dass er und seine Frau sich genauer mit kiffenden Kindern beschäftigten.

Jugendliche Cannabiskonsumenten

Cannabis ist die am häufigsten genutzte illegalisierte Droge. Rund vier Millionen Deutsche, die älter als 18 Jahre sind, kiffen. Die folgenden Seiten beschäftigen sich primär mit Jugendlichen, die Erfahrungen mit Cannabis gesammelt haben. Sie wenden sich an Lehrer, Eltern und Angehörige dieser Kinder, beschreiben verschiedene Konsummuster und die mit ihnen verbundenen Risiken. Es werden Tipps gegeben, wie man erkennt, ob das eigene Kind riskant kifft, und verschiedene Hilfsangebote für Cannabis konsumierende Jugendliche sowie deren Angehörige vorgestellt.

Angesichts der beinahe wöchentlich erscheinenden Presseartikel über immer jüngere Kiffer könnte man den Eindruck gewinnen, Cannabis würde bereits in der Grundschule verkauft. Ähnliches unterstellen Berichte, die einseitig darauf verweisen, dass sich der Anteil der cannabiserfahrenen Jugendlichen seit 1989 fast verdoppelt habe. Betrachtet man dazu die seit ein paar Jahren ansteigenden Zahlen junger Cannabiskonsumenten, die Beratungsstellen aufsuchen, fällt es leicht, dem Rauschmittel Cannabis die Schuld an den Problemen der »Jugend von heute« in die Schuhe zu schieben. Doch wie fast alle einfachen Lösungen auf komplizierte Probleme erweist sich auch die These »Die packen's im Leben nicht, weil sie alle kiffen« bei genauerem Hinsehen als Trugschluss.

Die Mehrheit der Jugendlichen erreicht das Erwachsenenalter, ohne jemals mit illegalen Drogen experimentiert zu haben. Nach Schätzungen der Bundeszentrale für gesundheitliche Aufklärung (BZgA) haben rund 39 Prozent aller 18-jährigen männlichen und 25 Prozent der weiblichen Jugendlichen Erfahrungen mit Cannabis. Wenn Sie befürchten, dass Ihr Kind Cannabis konsumiert, sollten Sie zunächst einmal Ruhe bewahren. Wahrscheinlicher ist, dass es das nicht tut.

Die Jugend ist seit Anbeginn der Zeit eine der schwierigsten Phasen des Lebens. Im ständigen Konflikt mit den Autoritäten ihrer Kindheit versuchen Jugendliche, eine eigenständige Identität zu entwickeln. Fast nie gelingt dies, ohne die von Erwachsenen abgesteckten Grenzen zu überschreiten. Auch der Konsum von Drogen gehört für viele zu dieser Identitätssuche. Ob aus den jugendlichen Rauschversuchen regelmäßiger Konsum, eine »Suchtmittelkarriere« (der Konsum weiterer, gefährlicher Drogen) oder gar eine Abhängigkeit entsteht, hängt auch von der Reaktion der Angehörigen ab.

Ob man bei Problemen verstärkt zu Rauschmitteln greift und wie der alltägliche Umgang mit Drogen sein sollte, lernen Jugendliche nicht in erster Linie in der Schule, sondern zu Hause. Vielfach verdrängen Eltern diesen Fakt, wenn sie über den Cannabiskonsum ihres Kindes nachdenken. Wenn Jugendliche nach Regeln für einen selbstbestimmten und selbstbewussten Drogenkonsum suchen, ist das eigene Elternhaus und das Rauschmittelverhalten der Angehörigen die wichtigste Orientierungshilfe. Die Beschäftigung mit Cannabis konsumierenden Jugendlichen sollte deshalb damit beginnen, dass man sich fragt, wie man selbst mit Kaffee, Alkohol und Zigaretten umgeht.

Auch ein rauschmittelfreies häusliches Umfeld ist keine Garantie für eine drogenfreie Jugend! Wer mit offenen Augen durch die Welt geht, wird erstaunt sein, wie groß der Anteil der Werbung für Rauschmittel ist und wie selbstverständlich ihr Konsum in unser aller Leben integriert ist. Man wird hellhörig, wenn große Brauereien wie Warsteiner Kampagnen à la »Keine Macht den Drogen« präsentieren.

Das täglich Erlebte, die große Verbreitung legaler Rauschmittel und tolerierter Räusche, steht im krassen Gegensatz zu den Forderungen, die Erwachsene gewöhnlich an das Leben der Jugendlichen richten. Wenn es auch mitunter schwerfallen mag, den noch nestwarmen Nachwuchs wie vollwertige Mitmenschen zu behandeln, muss Ehrlichkeit die oberste Prämisse für das Gespräch über Rausch und Rauschmittel sein. Präventionsarbeit, die auf die Forderung nach Abstinenz reduziert ist, tut so, als wären Jugendliche blind, taub und dumm. Es ist kein Wunder, wenn sie so ihr Ziel, die Verhinderung von Drogenabhängigkeit und Gesundheitsschäden, nicht erreicht.

Natürlich ist es richtig, Jugendliche zu maßvollem Drogenkonsum zu bewegen. Der Konsum von Rauschmitteln, gleichgültig, ob sie legal oder illegal sind, sollte nicht zur Normalität werden. Es ist jedoch falsch, von jungen Menschen zu erwarten, dass sie im Gegensatz zur überwältigenden Mehrheit der Erwachsenen ein Leben gänzlich ohne Drogen führen. Wenn Prävention funktionieren soll, muss sie dies anerkennen und das menschliche Bedürfnis nach Rausch und Ablösung vom Alltag respektieren.

In der Sexualaufklärung haben wir längst akzeptiert, dass Jugendliche früh Geschlechtsverkehr haben. Zeitgemäße Aufklärung über Rauschmittel muss davon ausgehen, dass Drogen konsumiert werden. Die Frage ist nicht, ob dies geschieht, sondern welches Rüstzeug wir den Kindern für diesen Moment mitgeben. Wer mit allen Mitteln zu verhindern sucht, dass sich die eigenen Kinder mit Cannabis beschäftigen, macht sie nicht »Gemeinsam stark gegen Drogen«, wie der Titel einer Kampagne der deutschen Sportvereine lautet, sondern lässt sie im entscheidenden Moment allein.

Wann kiffen Kinder?

Die meisten Eltern wünschen sich, dass ihr Kind keine illegalen Drogen konsumiert. Die Wunschvorstellung vom nüchternen Nachwuchs geht jedoch an der Realität vorbei. Die Mehrheit der Jugendlichen nutzt Rauschmittel. Im Gegensatz zu ihren Eltern ist es für die meisten Jugendlichen nicht von Bedeutung, ob es sich dabei um »erlaubte« oder »verbotene« Substanzen handelt. Den Rebell, der kifft, weil es verboten ist, findet man nur selten.

Befragt man ehemalige Cannabiskonsumenten nach den Gründen für die Einstellung des Konsums, so geben nur 3 Prozent an, dass die Angst vor Strafe eine Rolle gespielt hat. Wenn auch keine konkreten Zahlen vorliegen, kann man davon ausgehen, dass auch die Entscheidung zum ersten Konsum ebenfalls kaum von der Legalität der Droge abhängt.

Auch die »legalen« Rauschmittel sind in aller Regel für Kinder verboten. So dürfen Tabakwaren und stark alkoholhaltige Getränke nur an Erwachsene abgegeben werden, auch der Verkauf von Bier an unter 16-Jährige ist nicht gestattet. Dennoch sind Alkohol und Nikotin für nahezu alle Jugendlichen verfügbar.

Viele junge Menschen wissen schlicht nicht, dass Cannabis verboten ist. So ist im Rahmen der Diskussion über die »Geringe Menge« der Eindruck entstanden, ein paar Gramm Haschisch seien erlaubt. In Wirklichkeit ist die »Geringe Menge« lediglich eine Grenze, bis zu der der Besitz von Cannabis für den eigenen Gebrauch nicht bestraft wird. Obwohl der Besitz von Drogen verboten ist, kann nach § 31a BtMG von der Strafverfolgung abgesehen werden, wenn eine Reihe von Bedingungen erfüllt sind. Auf Jugendliche wird die Vorschrift fast nie angewendet.

Wenn der erste Konsum von Cannabis auch kaum durch seine Illegalität motiviert wird, so hat die auf Verzicht ausgerichtete Politik doch einen Anteil an seiner Verbreitung. Durch die Ausgrenzung jugendlicher Konsumenten wird die Gruppenbildung gefördert. Oft beginnt dies mit Zigaretten. Weil jugendliche Raucher Angst vor Strafe haben müssen, rauchen sie im Verborgenen. An nahezu jeder Schule existiert so eine Anzahl heimlicher Raucherinseln. Schnell entwickelt sich unter den Besuchern dieser Orte ein Gemeinschaftsgefühl. Man schützt sich gegenseitig vor Verfolgung und grenzt sich immer stärker von nichtrauchenden Altersgenossen ab. Der Ausstieg aus einer solch gefestigten Konsumentengruppe wird im gleichen Maße schwerer, in dem der Zusammenhalt innerhalb der Gruppe wächst. Wenn nun ein Teil der Gruppe beginnt, Cannabis zu konsumieren, steigt die Wahrscheinlichkeit dramatisch, dass auch andere Gruppenmitglieder mit dem Konsum beginnen. Der Anteil der Kiffer unter Rauchern ist auch deshalb deutlich höher als unter Nichtrauchern.

Wenn Jugendliche Drogen konsumieren, geht es ihnen in aller Regel um deren unmittelbare Wirkung. Obwohl sich die konkreten Effekte stark unterscheiden, ist das bei Cannabis nicht anders als bei Alkohol. Jugendliche suchen im Rausch nach Entspannung oder Enthemmung. Oft sehen sie darin eine Möglichkeit, Alltagsproblemen zu entfliehen. Je größer der Druck ist, der auf Jugendlichen in Schule, Elternhaus und Freizeit lastet, umso höher ist die Wahrscheinlichkeit, dass sie Rauschmittel konsumieren.

Dies führt zu dem Dilemma, dass Eltern, die das Leben ihrer Kinder aus Angst vor Drogen überregulieren, durch ihr Verhalten eine Umgebung schaffen, die den Konsum von Rauschmitteln eher fördert. Der Anteil jugendlicher Drogenkonsumenten ist an Gymnasien laut einer Studie der Hamburger Landesstelle für Suchtfragen höher, was zumindest zum Teil mit dem größeren Leistungsdruck zusammenhängt, der auf den Kindern lastet.

Menschen sind soziale Lebewesen. Den ersten Kontakt zu Cannabis haben Jugendliche in aller Regel im Freundeskreis oder durch ältere Geschwister. Fragt man Jugendliche Cannabiskonsumenten nach dem Ort, an dem sie den ersten Joint geraucht haben, so ist die Antwort sehr oft »auf einer Party«. Aber auch die Schule steht auf der Liste ganz oben. Das bedeutet nicht, dass Schulen cannabisverseucht sind oder regelmäßig Dealer vor der Schultür warten. Dass Jugendliche häufig im schulischen Umfeld mit Drogen in Kontakt kommen, liegt schlicht daran, dass sie dort einen großen Teil ihrer Zeit verbringen.

Häufig liest man davon, dass Cannabiskonsumenten immer jünger werden. Richtig ist, dass der Anteil der 18-Jährigen mit Cannabiserfahrungen von 24 Prozent (1993) auf 32 Prozent (2007) gestiegen ist. Der Anteil der sehr jungen Menschen (12–13 Jahre), die in ihrem Leben bereits Cannabis konsumiert haben, ist in diesem Zeitraum mit 0,4 Prozent konstant geblieben, während er bei 14- bis 17-Jährigen von 9 auf 13 Prozent anstieg. Es haben heute also quantitativ mehr junge Menschen Cannabis probiert, immer jünger sind die Konsumenten jedoch nicht.

Über die konsumierte Menge sagen diese Zahlen nichts aus. Dabei ist dies eines der wichtigsten Kriterien für die Bewertung des daraus resultierenden Risikos.

Konsumhäufigkeit und Konsumententypen

Nicht jeder Konsum von Cannabis ist gefährlich, und nicht jeder Kontakt mit dieser Droge führt dazu, dass konsumbedingte Probleme entstehen. Im Prinzip gilt, dass das Risiko solcher Probleme steigt, je häufiger zum Joint gegriffen wird.

Die vier Konsumententypen, die im Folgenden vorgestellt werden, orientieren sich an der Konsumfrequenz. Generell gilt, dass Probleme aus allen Konsumhäufigkeiten erwachsen können, dies aber nicht zwangsläufig müssen. Insbesondere unangenehme Rauscherlebnisse durch hohe Dosen oder unerwartete Effekte sind bei geringer Konsumfrequenz und »Anfängern« sogar wahrscheinlicher und stärker ausgeprägt. Die Mehrheit der Cannabisnutzer erlebt unabhängig vom Konsumententyp kaum negative Effekte.

Eine Unterscheidung der Cannabiskonsumenten nach Geschlecht wird an dieser Stelle nicht vorgenommen. Zwar finden sich in den Gruppen mit hoher Konsumfrequenz mehr Jungen, entstehende Probleme betreffen Jungen und Mädchen aber gleichermaßen.

Obwohl sie die mit Abstand größte Gruppe bilden, sind auch Nichtkonsumenten kein Teil der Übersicht. Doch auch sie können Probleme mit Cannabis bekommen. Wenn sie Teil eines überwiegend konsumierenden Umfelds sind, geraten sie mitunter unschuldig in die Schusslinie. Nach dem Motto »mitgefangen, mitgehangen« ist schon so mancher, der noch nie Drogen genommen hat, bei einer Beratungsstelle gelandet. Wer einmal wegen vermeintlichen Cannabiskonsums stigmatisiert wurde, hat später weniger Probleme, es tatsächlich zu probieren.

Probierkonsumenten

Jeder siebte Deutsche zwischen 12 und 19 Jahren hat Cannabis konsumiert. Rund die Hälfte dieser Jugendlichen gehört zur Gruppe der Probierkonsumenten. Dies sind Menschen, die den Konsum von Cannabis nach einer kurzen Phase des experimentellen Konsums wieder eingestellt haben und nur wenige Cannabiserlebnisse hatten. Oft haben sie nur bei zwei oder drei Anlässen gekifft.

Viele Probierkonsumenten berichten davon, dass sie nichts gespürt hätten. Dies liegt jedoch nicht daran, dass sie nicht berauscht waren, vielmehr entspricht der erste Cannabisrausch in seiner Intensität selten den Erwartungen. Das Risiko dieser Gruppe, cannabisbedingte Probleme zu entwickeln, ist sehr niedrig. Die geringe Anzahl der Konsumerlebnisse reicht für Langzeitfolgen oder die Ausbildung einer psychischen Abhängigkeit nicht aus. Es verbleibt jedoch ein bisher unzureichend geklärtes Risiko der Auslösung einer latent vorhandenen Psychose.

Probierkonsumenten leiden überdurchschnittlich oft unter den akuten Nebenwirkungen des Konsums von Cannabis, wie z. B. Kreislaufproblemen oder motorischen Schwierigkeiten. Wird Cannabis zusammen mit Alkohol konsumiert, was bei Probierkonsumenten häufig geschieht, können sich die Nebenwirkungen beider Substanzen unangenehm verstärken. Erbrechen ist eine häufige Folge des ersten Joints des Lebens, der in der Regel geraucht wird, wenn die Jugendlichen angetrunken sind. Solche negativen Rauscherlebnisse sind oft der Grund dafür, dass das »Experiment Cannabis« nicht wiederholt wird.

Die Eltern von Probierkonsumenten sollten Cannabis dennoch offen thematisieren, weil Probierkonsum zeigt, dass das Kind zumindest gelegentlich Umgang mit Cannabiskonsumenten hat. Dabei wäre es falsch, dies zu dramatisieren.

Gelegenheitskonsumenten

Etwas häufiger greifen Gelegenheitskonsumenten zum Joint. Etwa 8 Prozent der deutschen Jugendlichen gehören in diese Gruppe. Sie nutzen Cannabis unregelmäßig und oft im Rahmen besonderer Anlässe. Sie konsumieren für gewöhnlich zwei- bis fünfmal pro Jahr.

Auch für Gelegenheitskonsumenten ist das Risiko akuter Nebenwirkungen entscheidender als Langzeitfolgen.

Cannabiskonsum mit einer so niedrigen Frequenz ist hinsichtlich der Ausbildung einer Abhängigkeit unbedenklich. Ähnlich wie Musik oder Kleidung ist der Cannabiskonsum dieser Jugendlichen oft Ausdruck einer Mode. Die meisten Gelegenheitskonsumenten haben keine festen Rituale rund um die Droge ausgebildet. Es kann sein, dass bestimmte wiederkehrende Ereignisse, wie Silvester oder der eigene Geburtstag, bereits Momente eines regelmäßigen Konsums sind.

Die Eltern von Kindern, die gelegentlich Cannabis konsumieren, sollten sich nach dem Konsum auslösenden Moment erkundigen. Oft wird Cannabis von dieser Gruppe nebenbei gebraucht, ohne darüber nachzudenken. Eine geeignete Präventionsstrategie kann es in diesen Fällen sein, die Beiläufigkeit des Drogengebrauchs zu thematisieren und darauf hinzuwirken, bewusst auf Konsum zu verzichten. Das Hauptaugenmerk der Drogenerziehung sollte bei Jugendlichen, die nur gelegentlich konsumieren, auf Verhinderung von extremen Konsumerlebnissen liegen. Insbesondere vor Mischkonsum mit anderen Rauschmitteln sollte gewarnt werden.

Wenn Gelegenheitskonsumenten unter besonderem Stress stehen, ist ein Wechsel in die Gruppe der Gewohnheitskonsumenten nicht ungewöhnlich. Es geschieht aber ebenso häufig, dass Jugendliche den Konsum ohne erkennbare äußere Gründe wieder einstellen.

Gewohnheitskonsumenten

Ein Teil der Forscher zieht die Grenze zum gewohnheitsmäßigen Konsum, wenn in jedem Monat des vergangenen Jahres mindestens einmal Cannabis konsumiert wurde. Andere betrachten zehn Konsumerlebnisse pro Jahr unabhängig von deren Verteilung als Schranke.

Nach Informationen der Bundeszentrale für gesundheitliche Aufklärung (BZgA) gehören 2,3 Prozent der Jugendlichen in diese Gruppe. Der Anteil der Gewohnheitskonsumenten hat sich in den letzten 15 Jahren kaum verändert bzw. ist leicht gesunken. In der Altersklasse der unter 14-Jährigen ist Gewohnheitskonsum praktisch unbekannt.

Gewohnheitskonsumenten sind gefährdet, problematische Konsummuster zu entwickeln. Ihre Konsumfrequenz ist hoch genug, um Langzeitfolgen wie Atemwegserkrankungen wahrscheinlicher zu machen. Akute Nebenwirkungen spielen bei dieser Konsumentengruppe nur noch eine untergeordnete Rolle. Meist haben die Konsumenten genug Erfahrung, um mit ungewöhnlichen Rauschsituationen umzugehen.

Auch wenn der Konsum bei diesen Jugendlichen nicht massiv in Erscheinung tritt, besteht das Risiko, dass gefährliche Konsumrituale entstehen. Eigentlich »rauschneutrale« Erlebnisse oder Hobbys werden mit Cannabis verknüpft. Daraus entstehen Muster und schließlich vom ursprünglichen Erlebnis losgelöste Konsumanlässe.

Gewohnheitskonsumenten haben in der Regel eine feste Bezugsgruppe, die sich über gemeinsame Drogenerlebnisse definiert. Darin liegt insofern eine Gefahr, als durch die Gruppe der Zugang zu Rauschmitteln erleichtert wird.

Gewohnheitskonsum ist in aller Regel kein Grund für blinden Aktionismus. Eltern sollten den Konsum genau beobachten, weil das Risiko des Missbrauchs entsprechend der Konsumhäufung steigt. Eine geeignete Präventionsstrategie kann es in diesen Fällen sein, den Jugendlichen dazu zu bewegen, über bestimmte Zeiträume ganz auf den Konsum zu verzichten und so angewöhnte Konsummuster zu durchbrechen. Dabei können Beratungsstellen helfen.

Dauerkonsumenten

Dauerkonsumenten sind unter Cannabisnutzern die seltenste Gruppe. Sie konsumieren im Jahresdurchschnitt an wenigstens zwei von drei Tagen.

Dauerkonsumenten sind in Hilfseinrichtungen überdurchschnittlich oft anzutreffen. Dies liegt im Wesentlichen an zwei Ursachen. Zum einen sind Dauerkonsumenten durch ihren beinahe täglichen Umgang mit der Droge besonders gefährdet, in Kontakt mit der Polizei zu kommen. Dauerhafter Konsum bedingt eine hohe Anzahl von Beschaffungshandlungen. Dazu kommt, dass diese Gruppe ständig Cannabis besitzt. Beides erhöht die Wahrscheinlichkeit einer im Polizeijargon »positiven Kontrolle«. Der Besuch einer Drogenberatung wird gerade bei Jugendlichen Tätern oft zur Auflage für die Einstellung eines BtM-Verfahrens gemacht, weil das Jugendstrafrecht dem Grundsatz »Erziehung vor Sühne« folgt.

Dauerkonsumenten sind am stärksten von cannabisbedingten Problemen betroffen. In seiner viel beachteten Studie hat Prof. Kleiber ermittelt, dass rund 28 Prozent der Dauerkonsumenten cannabisabhängig sind, jedoch mehr als zwei Drittel keine Abhängigkeit entwickeln. Interessant ist, dass sich ein größerer Teil der Dauerkonsumenten unabhängig von objektiven Kriterien selbst als abhängig beschreibt.

Auch von Langzeitfolgen sind Dauerkonsumenten am stärksten betroffen. Insbesondere Atemwegsprobleme sind häufig, da in Deutschland sehr oft ein Gemisch aus Cannabis und Tabak geraucht wird und ein Großteil der dauerhaften Cannabiskonsumenten eine begleitende Nikotinabhängigkeit entwickelt.

Eltern, die befürchten, dass der Dauerkonsum ihres Kindes problematisch ist, fällt es oft schwer, dies erfolgreich zu thematisieren. Besonders wenn der Jugendliche kein Interesse an einer Änderung seines Verhaltens hat, ist in solchen Fällen die Inanspruchnahme professioneller Hilfe zu empfehlen.

Gebrauch, Missbrauch, gefährlicher Konsum

Selbst Dauerkonsumenten entwickeln nicht zwangsläufig Probleme mit ihrem Konsum. Die genaue Abgrenzung des vergleichsweise unproblematischen Gebrauchs der Droge vom problematischen Missbrauch kann deshalb nicht ausschließlich über die Häufigkeit des Konsums geschehen.

Vielmehr sind sich Experten einig, dass für die Risikobewertung ein Überblick über die gesamte Lebenssituation des Cannabisnutzers erforderlich ist. Erst dadurch ist die Unterscheidung zwischen risikoarmen »weichen« und risikoreichen »harten Konsummustern« möglich.

Selbst Wissenschaftlern fällt es schwer, allgemeingültige Kriterien zu benennen, an denen gefährlicher Konsum erkannt werden kann. Prof. Kleiber beschreibt dieses Dilemma der Cannabispolitik mit den Worten: »Zur Bewertung eines Cannabiskonsums (...) erweist es sich als wichtig, einem Homogenisierungs- und Uniformitätsmythos zu widerstehen.«

Cannabiskonsumenten sind so unterschiedlich wie ihre Lebensgeschichten. Was bei dem einen bereits Ausdruck einer Abhängigkeit ist, kann beim Nächsten eine völlig unproblematische Begleiterscheinung sein.

Vielfach merken Angehörige vom Drogenkonsum der Jugendlichen nichts, bis die Polizei vor der Tür steht. Konflikte mit dem Gesetz sind deshalb das offensichtlichste Merkmal für Cannabiskonsum.

Die im Folgenden vorgestellten Anhaltspunkte für problematischen Cannabiskonsum sollten nicht losgelöst von Lebensumständen betrachtet werden. Sie können lediglich der Ausgangspunkt einer intensiven Beschäftigung mit Konsumverhalten sein.

Alter des Konsumenten

Gerade bei Jugendlichen ist das Alter ein wichtiges Kriterium für die Bewertung des Konsums. Je jünger der Konsument ist, umso größer ist sein Risiko, cannabisbedingte Probleme zu entwickeln.

Werden die Nutzer von Drogenberatungsstellen nach dem Zeitpunkt ihres ersten Konsums befragt, so nennt die klare Mehrheit ein Alter zwischen 14 und 17 Jahren (Durchschnitt 15,8). Alkohol und Nikotin wurden von diesen Jugendlichen im Mittel bereits mit 13,4 Jahren konsumiert. Zur Bewertung des Cannabiskonsums kann es deshalb nützlich sein, auch nach dem Einstieg in legale Drogen zu fragen. Wenn dieser schon früh erfolgte, besteht das Risiko, dass Cannabis nur ein Schritt auf dem Weg zum Konsum anderer Rauschmittel sein könnte.

Das »richtige« Alter für den Konsum von Cannabis ist selbst unter Experten umstritten. Es bietet sich an, mit Cannabis analog zu den legalen Rauschmitteln Alkohol und Nikotin zu verfahren. Bei beiden toleriert der Gesetzgeber den privaten Konsum, wenn das 16. Lebensjahr abgeschlossen ist. Mediziner halten diese Altersgrenze jedoch für zu niedrig, insbesondere wenn relativ häufig konsumiert wird.

In der Wissenschaft gilt ein Beginn des Cannabiskonsums vor dem 15. Geburtstag als Risikofaktor für problematische Konsummuster. Wiederholter Konsum von Cannabis ist darüber hinaus bedenklich, wenn die Konsumenten jünger als 17 Jahre sind. Eine Intervention durch die Angehörigen sollte in diesen Fällen schon deshalb erfolgen, weil Schäden am sich noch entwickelnden Gehirn so junger Konsumenten nicht ausgeschlossen werden können.

Es soll an dieser Stelle nicht verschwiegen werden, dass manche Experten jeglichen Konsum von Cannabis durch Minderjährige als schädlich einstufen. Gegen die These vom stets gefährlichen Cannabis spricht jedoch, dass der Großteil der Konsumenten nach einer Probierphase wieder dauerhaft darauf verzichtet, ohne dass Schäden messbar wären.

Konsumintensität

Mit dem Wort Konsumintensität bezeichnet man die Menge des verbrauchten Cannabis. Dabei gilt die Faustformel, dass die Wahrscheinlichkeit cannabisbedingter Probleme wächst, je mehr Cannabis konsumiert wird.

Wegen der zum Teil sehr unterschiedlichen THC-Gehalte von Cannabisprodukten und den abhängig von der Konsumform benötigten Dosen ist es schwierig, konkrete Mengen zu nennen, deren Verbrauch unbedenklich ist. So werden bei oralem Konsum, bei dem Cannabis in Speisen oder Getränken zu sich genommen wird, in der Regel höhere Einzeldosen verwendet. Wer Cannabis pur raucht, benötigt für einen Joint eine größere Menge als der, der Cannabis mit Tabak mischt.

Die Grenze zu einem bedenklichen harten Konsummuster ist mit hoher Wahrscheinlichkeit überschritten, wenn im Wochendurchschnitt mehr als 0,5 Gramm pro Tag konsumiert werden.

Wichtig ist bei der Bewertung der Konsumintensität auch die Frage nach der Entwicklung des Verbrauchs in den letzten Wochen und Monaten. Bei Cannabis kommt es kaum zur Toleranzbildung. Es wird also bei langfristigem Konsum keine zunehmende Menge THC gebraucht, um die gleiche Wirkung zu erleben.

Deshalb ist eine Verbrauchsänderung ein starkes Indiz für ein Konsumverhalten, das im Wandel ist. Insbesondere

Dosissteigerungen nach einer längeren Phase konstanten Konsums gelten als Warnzeichen für Probleme.

Nicht jede Dosissteigerung ist Ausdruck eines substanzabhängigen Problems. Ein Teil der Cannabiskonsumenten reagiert mit der Änderung des Konsumverhaltens unbewusst auf äußere Reize. Im Gespräch mit Jugendlichen sollte deshalb nach Änderungen im persönlichen Umfeld gefragt werden, die mit der erhöhten Konsumintensität zeitlich verknüpft sind.

Konsumzeit

Unter Konsumzeit versteht man zweierlei. Zum einen geht es bei diesem Kriterium um die Wiederholungsrate, also die Frage, wie viele Dosen innerhalb einer bestimmten Zeitspanne konsumiert werden. Aber auch der Zeitpunkt des Konsums kann ein Hinweis auf ein hartes Konsummuster sein.

Die Zeit, die ein Cannabiskonsument zwischen zwei Dosen vergehen lässt, gibt ähnlich der konsumierten Einzeldosis nur einen begrenzten Hinweis auf harte Konsummuster. Die Mehrheit der Cannabiskonsumenten nutzt es in unregelmäßiger Abfolge. Bei Gewohnheits- oder Dauerkonsumenten können Änderungen in der Dosisfolge jedoch ein Indiz für ein geändertes Konsummuster und Hinweis auf sich entwickelnde Probleme sein.

Wichtiger und für Angehörige leichter zu beobachten sind die Zeitpunkte, zu denen Cannabis konsumiert wird. Ein wichtiges Indiz für ein problematisches Konsummuster sind wiederkehrende Ereignisse, die regelmäßig von Cannabiskonsum begleitet sind. Diese Momente können sich so weit verfestigen, dass der Konsum unreflektiert betrieben wird, weil er »dazugehört«. Das klassische Beispiel für harte zeitliche Konsummuster sind Konsumenten, die behaupten, ohne Cannabis nicht mehr einschlafen zu können.

Auch die Problematik der »Punktnüchternheit« gehört in diese Kategorie. Mit dem Begriff bezeichnet man die Fähigkeit des Konsumenten, bewusst zu bestimmten Anlässen auf den Konsum zu verzichten. Zu den betroffenen Zeitpunkten und Orten gehören unter anderem die Schule, Arbeits- und Ausbildungsplatz, gefährliche Orte und Tätigkeiten, die Teilnahme am Straßenverkehr sowie während einer Schwangerschaft.

Wenn Konsumenten Nüchternheitsregeln nicht befolgen wollen oder können, ist dies ein starker Hinweis auf eine bestehende Cannabisabhängigkeit und sollte Teil des Gesprächs über den Konsum sein.

Misch- und Beikonsum

Beikonsum meint die zum Cannabiskonsum zeitnahe Nutzung anderer Rauschmittel, Mischkonsum die bewusste Kombination verschiedener Drogen. Der Konsum von Cannabis gilt als umso problematischer, je häufiger und regelmäßiger er vom Konsum anderer Rauschmittel begleitet ist.

Vielfach wird dieses Kriterium unzulässig nur hinsichtlich illegaler Drogen betrachtet. In Wirklichkeit ist jedoch die Nikotinabhängigkeit in Deutschland die häufigste Begleiterscheinung des Konsums von Cannabis.

Wie wichtig die Frage nach dem zusätzlichen Konsum anderer Rauschmittel für die Bewertung des Cannabiskonsums ist, zeigte sich spätestens mit der Kleiberstudie (1998). Darin stellt Prof. Kleiber fest, dass sich das Risiko einer Cannabisabhängigkeit enorm erhöht, wenn zusätzlich auch andere Drogen konsumiert werden. Während im Rahmen der Studie nur 2 Prozent der ausschließlich Cannabis Konsumierenden als abhängig eingestuft wurden, stieg die Quote durch den Beikonsum anderer Substanzen auf bis zu 20 Prozent.

Werden Cannabisabhängige von Beratungsstellen nach dem Konsum anderer Rauschmittel befragt, zeigt sich, dass sie unabhängig von der Legalität der Substanz deutlich häufiger zu Rauschmitteln greifen als die Gesamtbevölkerung oder nichtabhängige Cannabisnutzer.

Bei vielen Mischkonsumenten liegt so eine mehrfache Abhängigkeit vor. Das Gespräch sollte in diesen Fällen nicht nur auf den Cannabiskonsum reduziert werden, da viele Rauschmittel gesundheitsschädlicher als Cannabis sind.

Cannabis dient manchen Konsumenten auch dazu, den Konsum anderer Drogen zu reduzieren. So wurden z. B. wiederholt Konsumenten dokumentiert, die mit Cannabis gegen die Entzugserscheinungen ihrer Opiatabhängigkeit kämpfen. Andere nutzen Cannabis nur im Rahmen eines Beikonsums, um z. B. die Wirkung von Alkohol zu verstärken.

Subjektive Bedeutung

Unter der subjektiven Bedeutung werden alle Lebensumstände zusammengefasst, die im Cannabiskonsum begründet sind, aber von der eigentlichen Wirkung der Droge losgelöst erscheinen. Im Prinzip geht es um die Frage, welchen Stellenwert der Cannabiskonsum für das Leben des Jugendlichen hat.

Dies ist ein wissenschaftlich kaum messbares Kriterium eines möglicherweise problematischen Konsums. Einen Hinweis auf harte Konsummuster sehen viele, wenn sich ein zunehmender Teil des Lebens um die Beschaffung und den Konsum von Cannabis dreht. Auch das persönliche Umfeld wird von gefährdeten Jugendlichen oft zunehmend auf die Bedürfnisse des Konsums hin eingerichtet. Das geht so weit, dass ein Teil der jugendlichen Konsumenten über die Schule hinaus kaum noch Kontakt zu Nichtkonsumenten hat.

Nicht jedes Bob-Marley-Poster ist ein Hinweis auf Cannabismissbrauch, wenn aber Freizeitbeschäftigungen und Interessen zugunsten von Cannabis aufgegeben werden, sollten Angehörige dies als Warnzeichen verstehen.

Gerade wenn die zunehmende subjektive Bedeutung der einzige Hinweis auf einen Cannabismissbrauch ist, sollte eine Vorverurteilung des Jugendlichen unterbleiben. Die Bewertung dieses Kriteriums durch Dritte ist so schwierig, dass mitunter selbst Nichtkonsumenten unter Abhängigkeitsverdacht geraten. So warb eine Jugendzeitschrift im Jahr 2006 mit den Worten:

»Das Mega-Extra in BRAVO: Cooler Schlüsselanhänger! Sonne, Strand, Karibik-Feeling: Der trendy Anhänger in zwei Farben ist der Hingucker für diesen Super-Sommer! Platz für viele Schlüssel: Das tolle Accessoire passt perfekt zu Jeans, Strandtasche oder Rucksack!«

Das dieser Ausgabe kostenlos beiliegende Kleinod hatte die Form eines Hanfblatts. Dabei handelt es sich um ein Symbol, dessen Verwendung nicht zwangsläufig ein Hinweis auf Cannabiskonsum ist.

Konsumform

Unter der Form des Konsums versteht man die Wahl des Applikationsweges. Es ist sehr umstritten, ob aus der gewählten Konsumform auf problematischen Konsum geschlossen werden kann.

Erstaunlicherweise sehen manche Wissenschaftler im Rauchen von Joints aus einem Tabak-Cannabis-Gemisch die weichste Konsumform. Wenn Cannabis pur geraucht wird, sei dies ein Hinweis auf einen gefestigten Konsum, der mit einem höheren Gesundheitsrisiko verbunden sei.

Dabei steht gerade die Kombination von Cannabis und Tabak im Verdacht, Auslöser gravierender Langzeitschäden, insbesondere Atemwegserkrankungen, zu sein. Auch erhöht diese Konsumform das Risiko einer begleitenden Nikotinabhängigkeit erheblich.

Der Wechsel der Konsumform, z. B. Aufgabe des Rauchens zugunsten des Verdampfens, kann also auch mit einer Reduzierung des Risikos cannabisbedingter Probleme einhergehen.

Fazit

Eine Risikobewertung muss im Einzelfall erfolgen und darf sich nicht nur auf die Konsumhäufigkeit beschränken. Die Wahrscheinlichkeit cannabisbedingter Probleme steigt, je jünger die Konsumenten sind, je mehr Cannabis verbraucht wird, wenn der Konsum andauernd oder zu unpassenden Zeitpunkten geschieht, neben Cannabis auch andere Rauschmittel konsumiert werden oder der Cannabisgebrauch andere Beschäftigungen ersetzt.

Im Allgemeinen sind Jungen gefährdeter, problematische Konsummuster zu entwickeln, als Mädchen. Darüber hinaus haben Jugendliche ein doppelt so hohes Risiko, wenn sie keinen Kontakt zu einem Elternteil haben.

Der beste Schutz gegen die von Cannabis ausgehenden Gefahren sind Selbstvertrauen, Anerkennung und ein intaktes familiäres Umfeld.

Jugendlichen Cannabiskonsumenten helfen

Wenn junge Menschen Cannabis konsumieren, haben ihre Eltern und Angehörigen oft Angst, dass aus dem Konsum Probleme erwachsen. Diese Angst ist verständlich, nimmt aber mitunter Ausmaße an, die vorhandene cannabisbedingte Probleme sogar verstärken können.

Die aus der Sorge um die Konsumrisiken resultierende Einmischung in die »Rauschautonomie« der Jugendlichen sollte dem vergleichsweise geringen Gefahrenpotenzial von Cannabis angepasst sein und abgestuft erfolgen. Die gebotenen Maßnahmen hängen dabei z. B. von der Schwere des Problems, bereits fehlgeschlagenen Interventionsversuchen und der Beteiligung Dritter ab.

Leider führt der Kontakt von Cannabiskonsumenten mit der Polizei oft dazu, dass niedrigschwellige Interventionsmöglichkeiten zu kurz kommen oder ganz unterbleiben.

Darüber hinaus beschränken sich manche »Hilfsangebote« einseitig darauf, Konsumverzicht zu fordern. Beides führt dazu, dass sich nur ein kleiner Teil der Konsumenten von diesen Angeboten ernst genommen fühlt und nur wenige Betroffene von ihnen profitieren.

Im Vergleich zur Effektivität der durch Gerichte oder Schulen erzwungenen Teilnahme an Hilfsangeboten, hat sich die freiwillige Inanspruchnahme als geeigneter erwiesen, cannabisbedingte Probleme zu erkennen und abzubauen.

Es wäre falsch, Beratungsbedarf nur bei Konsumenten zu sehen. Vielfach sind Angehörige von den Auswirkungen des Konsums betroffen. Neben der Befriedigung des oft gewaltigen Informationsbedarfs muss es Ziel von Hilfsangeboten sein, Ängste abzubauen und eine Situation herbeizuführen, die eine lösungsorientierte Kommunikation zwischen Konsument und Angehörigen ermöglicht.

Ein gutes Hilfsangebot sollte darüber hinaus für die Betroffenen kostenneutral sein. Wenn aus den Problemen jugendlicher Cannabiskonsumenten ein Geschäft gemacht wird, leidet darunter die Beratungsqualität, weil manche kommerziellen Anbieter wenig Interesse an einer schnellen Lösung haben und ihre »Kunden« lieber langfristig an sich binden.

Im Folgenden werden verschiedene Möglichkeiten vorgestellt, den Konsum von Cannabis zu thematisieren und daraus entstehende Probleme zu lösen. Die angebotenen Interventionsformen sind danach sortiert, wie stark sie in das Leben von Konsument und Angehörigen eingreifen und wie hoch die Hemmschwelle ist, sie zu nutzen. Die Liste beginnt mit der einfachsten Maßnahme und kann so als »Interventionsfahrplan« genutzt werden.

Das klärende Gespräch

Die wohl meistunterschätzte Interventionsform bei Problemen mit Rauschmitteln ist ein konstruktives Gespräch zwischen konsumierenden Jugendlichen und ihren Eltern.

Durch ihre Nähe zum Betroffenen haben Angehörige einen sehr guten Überblick über die Lebenssituation und können so Verhaltenauffälligkeiten früh erkennen. Je früher problematischer Konsum thematisiert wird, umso größer ist die Wahrscheinlichkeit, dass Gegenmaßnahmen erfolgreich verlaufen.

Die Beziehung zwischen Eltern und Kind kann eine wirksame Kommunikation jedoch auch behindern. Gerade in der Pubertät ist das Eltern-Kind-Verhältnis oft angespannt. Die Wirksamkeit eines Gesprächs über Cannabis kann in diesen Fällen dadurch beeinträchtigt werden, dass andere Konflikte ebenfalls thematisiert werden. Eine Abgrenzung der cannabisbedingten Probleme von solchen, die eher ein Alters- oder Alltagsphänomen sind, fällt dann mitunter schwer.

Eltern neigen dazu, ihren eigenen Drogenkonsum unkritisch zu sehen, während der Konsum durch das Kind dramatisiert wird. Vielfach sind Drogenprobleme des Kindes der Anlass, dass sich Eltern überhaupt erstmals mit ihrem Konsum auseinandersetzen. Eine geeignete Strategie, dieses Problem zu vermeiden, kann es sein, das Gespräch mit dem Nachwuchs mit einer Betrachtung des elterlichen Rauschmittelverhaltens zu beginnen. Versuchen Sie Ihrem Kind zu erklären, warum Sie konsumieren und wann Sie dies bewusst nicht tun.

Ein großer Vorteil der Interventionsform Gespräch ist ihre hohe Variabilität. Ziele und Maßnahmen werden fast zwangsläufig auf die Situation angepasst formuliert, weil keine standardisierten Prozeduren existieren.

Manche jugendlichen Cannabiskonsumenten sehen Vereinbarungen, die sich aus solchen Gesprächen ergeben, jedoch nicht zwangsläufig als verbindlich an. Oft genug reagieren sie mit einer »Die merken es doch eh nicht«-Einstellung, und der problematische Konsum geht im Verborgenen weiter.

Das Internet

Das Internet ist eine schier unerschöpfliche Informationsquelle. Viele Webseiten haben sich auf Hilfsangebote für Cannabis konsumierende Jugendliche und deren Angehörige spezialisiert.

Dazu gehören Portale mit Informationen über das Rauschmittel, Vereinigungen von Cannabiskonsumenten oder Drogengegnern. Auch öffentliche Stellen und Personen, wie die Drogenbeauftragte der Bundesregierung, bieten hier Informationen. Darüber hinaus existieren Angebote, die sich konkret an ausstiegswillige Jugendliche wenden.

Die Bewertung von Internetangeboten sollte vorsichtig erfolgen. Einer Webseite sieht man die fachliche Kompetenz ihres Betreibers nicht immer an. Die Frage, ob ein Seitenbetreiber selbst Cannabis konsumiert, hat dabei kaum Einfluss auf die Eignung des Angebots. Zum Teil sind Konsumenten sogar bessere Ansprechpartner, weil Jugendliche den Rat eines ebenfalls Konsumierenden leichter annehmen als den einer Regierungsstelle.

Leider existieren auch Seiten, bei denen nicht die Hilfe im Vordergrund steht, sondern die primär dazu dienen, Schadprogramme (Viren) oder teure Abonnements zu vertreiben.

Seriöse Angebote erkennen Sie daran, dass aus ihnen klar hervorgeht, wer sie mit welcher Motivation betreibt. Je leichter Sie den Kontakt zum Seitenbetreiber herstellen können, umso größer die Wahrscheinlichkeit, dass es sich nicht um eine Abzockerseite handelt.

Ein großer Vorteil der Hilfsangebote im Internet ist die Anonymität des Hilfesuchenden. Ein Teil der Konsumenten kann im Netz leichter und ehrlicher über Probleme sprechen, als es in einem realen Gespräch möglich wäre.

Webseiten wie die der Bundeszentrale für gesundheitliche Aufklärung (www.bzga.de) helfen Ihnen dabei, kompetente Ansprechpartner wie die Grüne Hilfe, Rechtsanwälte oder Selbsthilfegruppen in Ihrer Nähe zu finden. Per E-Mail lässt sich dann der Kontakt zu »echten Menschen« herstellen, ohne dass Sie viel Zeit investieren müssen.

Die Telefonseelsorge

Wenn akute Probleme auftreten, dringender Gesprächsbedarf besteht oder Sie die Situation Ihres Cannabis konsumierenden Kindes einfach mal unverbindlich mit einer neutralen Person besprechen wollen, kann die Telefonseelsorge der richtige Ansprechpartner sein.

Die Telefonseelsorge ist ein Beratungsangebot der evangelischen und katholischen Kirche. Sie ist unter den Rufnummern 0800-1110111 und 0800-1110222 kostenfrei rund um die Uhr zu erreichen und bietet die Möglichkeit für anonyme und vertrauliche Gespräche.

Die Telefonseelsorge versteht sich nicht als klassischer Problemlöser analog zu einer herkömmlichen Drogenberatung. Sie will stattdessen den Anrufenden in die Lage versetzen, sich selbst zu helfen. Dabei folgt man dem Prinzip, dass Probleme und ihre Lösung leichter zu begreifen sind, wenn man sie unbeteiligten Dritten erklären muss.

Vielfach sind die Mitarbeiter der Telefonseelsorge darüber hinaus in der Lage, Ihnen Ansprechpartner vor Ort zu nennen.

Obwohl dieses Angebot in weiten Teilen von Kirchen finanziert wird, steht es in dem Ruf, weitgehend ideologiefrei und unpolitisch zu sein. Da die Mitarbeiter gehalten sind, auf konkrete Vorschläge und Lösungsansätze zu verzichten, und diesen Schritt den Anrufenden überlassen, kann die Telefonseelsorge nur eine Hilfe bei akuten Problemen oder ein Ausgangspunkt für weitere Hilfsbemühungen sein.

Auch viele Drogenberatungsstellen bieten einen Telefonservice. In aller Regel haben diese Angebote den Vorteil, dass sie sich genau mit den konkreten Problemen von Cannabiskonsumenten auskennen. Die Nachteile dieser regionalen Anbieter sind, dass diese Rufnummern nur selten rund um die Uhr zu erreichen sind und in der Regel Telefongebühren für das Gespräch anfallen. Die Telefonseelsorge ist, wie allgemeine Notrufnummern, ohne Geld von jeder Telefonzelle aus erreichbar.

Schulische Angebote

Viele Schulen bieten Anlaufstellen für Jugendliche, die Probleme mit ihrem Drogenkonsum haben. Dieser Entwicklung liegt die Erkenntnis zugrunde, dass sich solche Probleme fast immer auf schulische Leistungen auswirken. Die

Bildungspolitik hat erkannt, dass Cannabis nicht erst dann zu einem Schulproblem wird, wenn Jugendliche berauscht am Unterricht teilnehmen oder in der Schule Drogen konsumieren.

Es bestehen erhebliche Unterschiede in den Angeboten. Mal wird ein Mitarbeiter vom Direktor bestimmt, der dann in einem Teil seiner Arbeitszeit die Funktion eines Vertrauenslehrers ausfüllen soll, mal ist dies das ehrenamtliche Engagement eines von den Schülern gewählten Lehrers. Mitunter gehen Schulen Kooperationen mit kommunalen Drogenberatungen ein, sodass ein offizieller Berater eine Sprechstunde in Schulräumlichkeiten anbietet.

Auch der zeitliche und finanzielle Rahmen schulischer Beratungstätigkeit schwankt erheblich. Während einige Schulen Hilfe lediglich innerhalb kurzer Sprechzeiten oder gar nur in den Pausen anbieten, gehören die Vertrauenspersonen anderer Bildungseinrichtungen zum täglichen Leben der Schüler und sind mit seelischen Hausmeistern vergleichbar.

Es wird intensiv darüber gestritten, welchen Effekt schulische Beratungstätigkeit haben kann. Manche sehen darin eine sinnvolle Erweiterung anderer Hilfsangebote und loben die Nähe zur Lebenswirklichkeit der Kinder. Andere bezweifeln die Ausbildung einer Vertrauensbasis zwischen Schülern und Lehrern prinzipiell.

Ein weiteres Problem dieser Angebote ist es, dass sie nur selten auch Angehörigen von Schülern offenstehen. Auch fürchten manche Eltern Nachteile für ihr Kind, wenn dessen Drogenkonsum an der Schule diskutiert wird.

Klassische Drogenberatung

Wenn man von Drogenberatung spricht, denken viele zunächst an die Mitarbeiter kommunaler oder kirchlicher

Suchthilfeeinrichtungen. Diese Stellen bilden die mit Abstand größte Gruppe der Hilfsangebote für Cannabiskonsumenten.

Drogenberatungen bieten in der Regel professionelle Betreuung und begleiten Konsumenten und Angehörige oft über längere Zeiträume. Durch ihre hohen Fallzahlen haben sie einen breiten Erfahrungsschatz, können substanzabhängige Probleme oft gut eingrenzen und entsprechende Lösungsansätze vorschlagen. Ein weiterer Vorteil der klassischen Suchtberatung liegt in ihrer bei Konsumenten und Angehörigen gleichermaßen guten Vertrauensbasis. Eltern akzeptieren es leichter, wenn ihnen ein »offizieller« Drogenberater sagt, dass er den Konsum des Kindes für wenig bedenklich hält. Sie sind deshalb auch geeignete Anlaufstellen für Eltern, die sich erst einmal »nur informieren« möchten.

Das Image kompetenter und neutraler Hilfe, von dem diese Einrichtungen lange profitieren konnten, wird zunehmend dadurch beschädigt, dass Gerichte den Besuch einer solchen Einrichtung als Strafe missbrauchen. Gerade jugendlichen Ersttätern wird so der Eindruck vermittelt, dass diese Anbieter Helfer der Prohibition sind.

Eltern sollten Drogenberatungsstellen sorgfältig auswählen und selbst besuchen. Zum einen kommt es vor, dass die Mitarbeiter solcher Stellen parteipolitisch oder religiös gebunden sind und die Beratung unzulässig auf die eigene Position eingrenzen. Andererseits nutzen zunehmend dubiose Sekten oder Organisationen wie Scientology Drogenberatung, um neue Mitglieder zu werben. Schon deshalb ist bei der Wahl des Anbieters Vorsicht geboten.

Eltern sollten akzeptieren, wenn ihr Kind den Drogenberater ablehnt. Ohne Vertrauen ist eine wirksame Beratung unmöglich. In solchen Fällen können Sie eine andere Drogenberatung ausprobieren oder auf anonyme Hilfe zurückgreifen.

Fazit

Fast alle Cannabiskonsumenten haben nur geringe substanzbedingte Probleme. Wenn sich jedoch Anzeichen einer Abhängigkeit einstellen, ist rasches Thematisieren oft eine Möglichkeit, problematischen Konsum zu begrenzen. Welche Interventionsform gewählt wird, hängt in erster Linie von der Situation des Konsumenten ab.

Das wichtigste Werkzeug für die Verhinderung cannabisbedingter Probleme ist ein vertrauensvoller Umgang zwischen konsumierenden Jugendlichen und ihren Angehörigen. Ein einziges ehrliches innerfamiliäres Gespräch kann viele Stunden Drogenberatung ersetzen, wenn es rechtzeitig geführt wird.

Wer langfristig gewachsene Probleme in Angriff nimmt, darf nicht mit schnellen Erfolgen rechnen. Als Faustregel gilt: Die Überwindung eines harten Konsummusters dauert ebenso lange wie seine Ausbildung.

Hilfe, mein Kind kifft! (Teil 2)

Als Paul seinen Sohn eine Woche später auf Cannabis ansprechen wollte, antwortete Julius: »Jetzt nicht. Muss zum Fußball«, und war schneller aus der Wohnung verschwunden, als Paul widersprechen konnte.

Normalerweise hatte der Junge mit dieser Strategie Erfolg, das musste Paul zugeben. So manche Predigt hatte er nicht über sich ergehen lassen müssen, weil die Wut seines Vaters für gewöhnlich verpuffte, bis sie sich wieder sahen. Doch diesmal hatte sich Paul fest vorgenommen, hart zu bleiben. Schließlich ging es nicht um irgendeinen Dumme-Jungen-Streich, sondern um die Gesundheit seines Kindes.

Paul war in den vergangenen Tagen nicht untätig gewesen. Zunächst hatte er bei der Drogenberatungsstelle der Stadt vorbeigeschaut, musste dort aber feststellen, dass die nur in Zeiten geöffnet hatte, die normale Menschen auf der Arbeit verbringen. Heimlich freute er sich darüber, war ihm doch schon die Vorstellung peinlich, mit einem völlig Unbekannten über seinen kiffenden Sohn zu sprechen.

Im Internet hatte Paul mehr Erfolg. Zwar hatte er sich erst einmal durch jede Menge wenig Hilfreiches gelesen, dann aber all seinen Mut zusammengenommen und eine E-Mail an den Deutschen Hanf Verband geschickt. Was es nicht alles gab ...

Drei Tage später kam mit der Post eine Broschüre, die er bestellt hatte, weil sie ihm vom Verband empfohlen wurde. »Basiswissen Cannabis« hieß sie, kam von der Deutschen Hauptstelle für Suchtfragen (www.dhs.de) und gab Paul zum ersten Mal das Gefühl, halbwegs Bescheid zu wissen.

In dieser Broschüre blätterte er, als seine Frau von der Arbeit kam und fragte: »Was'n los? Du siehst merkwürdig aus.« Obwohl die traditionelle Antwort auf diese Frage »Nichts« gewesen wäre, sagte Paul diesmal: »Ich glaube, unser Sohn nimmt Drogen.«

Julius, der ein paar Stunden später wieder nach Hause kam, war von dem Anblick überrascht, der ihn im Wohnzimmer erwartete. Auf dem Tisch stand eine Flasche Eierlikör, obwohl seine Eltern eigentlich nur am Wochenende Alkohol tranken, und seine Mutter sah aus, als ob sie geweint hätte. Beim Anblick ihrer verheulten Augen überlegte Julius instinktiv, was er angestellt hatte. Wie alle jungen Menschen meinte er damit in Wirklichkeit, was haben sie wohl erfahren.

Sein Vater redete nicht lange um den heißen Brei herum und sagte: »Julius ... wir ... deine Mutter und ich, wir machen uns Sorgen. Nimmst du Drogen?« In dem Moment, in dem Julius alles abstreiten wollte, bemerkte er den Gesichtsausdruck seines Vaters. Etwas in seinen Augen sagte ihm, dass er diesmal nicht darauf hoffen durfte, mit einer billigen Ausrede davonzukommen. »Setz dich bitte«, sagte sein Vater. »Ich will dir eine Geschichte erzählen.«

Es war keine kurze Geschichte, und als Paul damit fertig war, ging das Gespräch noch lange weiter. Am Ende hatten sie es irgendwie geschafft, von den wilden Siebzigern über Herrn Schmidt zu dem Krümel Haschisch zu kommen, den Paul vor einer kleinen Ewigkeit zufällig entdeckt hatte. Ob es die Ehrlichkeit seines Vaters war oder der Anblick seiner Mutter, die immer wieder schluchzte, konnte er nicht sagen, aber irgendwann im Laufe des Gesprächs gab Julius zu, gelegentlich mal einen Joint zu rauchen.

Noch Wochen später erzählte Julius seinen Freunden, wie »cool« seine Eltern auf diese Nachricht reagiert hatten. Er hatte ihre Angst gespürt, aber auch gemerkt, dass sie ihm vertrauten und dass er sich ihnen anvertrauen konnte. Am Ende hatten sie sich gegenseitig versprochen, in Zukunft häufiger so miteinander zu sprechen.

Julius hatte an diesem Abend zum ersten Mal den Eindruck, dass seine Eltern ihn nicht wie ein Kind behandelten, sondern wie einen jungen Erwachsenen. Wenn er es auch nie zugeben würde, wünschte sich Julius in diesem Moment, sein Vater wäre einer seiner Freunde. Mit ihm hätte er sicher 'ne Menge Spaß.

Vielleicht würde er eines Tages selbst einen Sohn haben. Dann würde er nicht so lange damit warten, sein Freund zu werden. Zur Not würde er sogar mit ihm übers Kiffen reden. Aber das ist eine andere Geschichte.

4. Cannabis als Rohstoff

Immer wieder wird in der Diskussion um eine Freigabe von Cannabis darauf verwiesen, dass der Anbau von Hanf legal sei, wenn aus den Pflanzen keine Drogen hergestellt werden können. Tatsächlich ist es seit 1993 auch in Deutschland wieder legal möglich, sogenannten Nutzhanf oder Industriehanf mit einem THC-Gehalt von weniger als 0,2 Prozent anzubauen. »Normaler« Rauschhanf hat einen THC-Gehalt von 7 bis 20 Prozent.

Die (drogen-)politische Bewertung dieser Regelung, die auf Betreiben der Europäischen Union entstand, könnte kaum unterschiedlicher ausfallen. Die einen sehen darin eine Verharmlosung der Droge Cannabis und würden den Hanfanbau am liebsten wieder vollständig verbieten lassen. Andere halten Cannabis für einen der wichtigsten Rohstofflieferanten der Zukunft und fordern die schnelle Beseitigung noch bestehender Schranken.

Was zum Verbot von Cannabis als Rohstoff führte, welche Regeln heute für den Cannabisanbau bestehen und wie der deutsche Hanfmarkt in der Zukunft aussehen könnte, soll Thema der folgenden Seiten sein.

Biologische Systematik und wichtige Begriffe

Der Schwede Carl Nilsson Linnaeus, vielen besser bekannt als Carl von Linné, gilt als der Vater der modernen biologischen Systematik. Hanf hat seinen botanischen Namen 1735 von diesem Forscher erhalten. Linné bezeichnete die Pflanze mit »Cannabis sativa«. Der Zusatz »sativa« bedeutet »nützlich« und führte lange zu dem Irrglauben, es würde mehrere Arten Cannabis geben. Die Varianten »Cannabis indica« (indischer Hanf) und »Cannabis spontanea« (wilder Hanf, oft auch »Cannabis ruderalis«) gelten heute jedoch nur als Unterarten (Varianten).

In der Rauschmittelszene sind in den vergangenen 20 Jahren unzählige Sorten aus der Kreuzung dieser drei Varianten entstanden. Obwohl sie Fantasienamen wie Skunk, White Widow oder Haze tragen und oft höhere Wirkstoffanteile als wilder Hanf besitzen, handelt es sich biologisch stets um Cannabis sativa. Gleiches gilt für die industriellen Züchtungen mit sehr niedrigen THC-Gehalten.

Cannabis sativa ist eine Pflanze aus der Familie der Cannabiceae (Hanfgewächse). Es ist ein rosenartiger, Blüten tragender, verholzter Strauch. Sein nächster Verwandter ist der Hopfen.

Cannabis gehört zu den am schnellsten wachsenden Pflanzen. Ein Hanffeld produziert mehr als das Vierfache an Biomasse eines Fichtenwaldes gleicher Größe. In Deutschland wird Cannabis während der rund 100 Tage dauernden Wachstumsphase in der Regel um die vier Meter hoch. Unter günstigen Bedingungen kann Hanf aber auch sieben oder gar acht Meter Höhe erreichen.

Die Cannabispflanze ist von Natur aus zweihäusig (diözisch). Das heißt, es wachsen männliche oder weibliche Pflanzen heran. Inzwischen existieren auch einhäusige Züchtungen, solche Zwitterpflanzen sind in der Natur bei Cannabis jedoch selten.

Die weiblichen Cannabispflanzen wachsen gewöhnlich länger und werden größer als männliche. Sie weisen einen höheren Wirkstoffgehalt auf. Circa drei Monate nach der

Aussaat erreicht zunächst die männliche Pflanze die Blüte. Der Pollen wird von den Hanfhahn oder Femel genannten männlichen Pflanzen abgeworfen, der Wind übernimmt die Bestäubung. Wird eine weibliche Pflanze (Hanfhenne oder Mastel) bestäubt, beginnt der Samen zu wachsen. Die Hanfsamen (biologisch: Cannabisnüsschen) reifen nach der Bestäubung innerhalb von zehn bis vierzehn Tagen und fallen dann ab.

Cannabis sativa ist eine einjährige Pflanze und stirbt nach vollendeter Samenbildung vollständig ab. Wird sie an der Ausbildung von Samen gehindert, ist es möglich, Hanfpflanzen mehrere Jahre am Leben zu erhalten.

Es wurde viel spekuliert, welche Funktion die psychoaktiven Wirkstoffe der Pflanze in der Natur haben. Inzwischen gilt es als sicher, dass die harzartigen, besonders in den Blütenständen konzentrierten Cannabiniode dem Schutz der Samen vor Frost, Nässe und vor Fraßfeinden dienen.

Die Cannabispflanze lässt sich fast vollständig industriell nutzen. Die moderne Hanfwirtschaft unterscheidet vier Pflanzenteile:

- Die Samen sind ein hervorragendes Nahrungsmittel für Mensch und Tier. Aus Hanfsamen gepresstes Speiseöl enthält alle essenziellen Fettsäuren und ist besonders reich an der seltenen Gamma-Linolen-Säure. Das kräftige, nussige Aroma von Hanfsamenöl führt jedoch dazu, dass es oft mit weniger geschmacksintensiven Ölen verdünnt werden muss.

- Blätter und Blüten der Cannabispflanze enthalten industriell nutzbare Aromen und Öle. Sie sind Grundlage für unzählige Anwendungen, die von Tensiden für Waschmittel bis zu Kosmetikprodukten reichen. Die Blüten werden auch als Rauschmittel verwendet. Marihuana ist nichts anderes als getrocknete Hanfblüten.

- Die Fasern der Hanfpflanze sitzen in der Rinde der Stängel. Sie werden überwiegend für die Produktion von Papier verwendet. Cannabisfasern gelten als extrem reißfest, witterungsunempfindlich und schwer entflammbar.

- Als Schäben bezeichnet man die holzigen Pflanzenteile. Von den Fasern umgeben bilden sie den Stiel der Cannabispflanze. Aus den Schäben werden Baumaterialien und Einstreu für Tiere hergestellt.

Cannabis ist eine der ältesten Kulturpflanzen des Menschen und scheint gerade eine Renaissance zu erleben. Dabei sah es in den letzten 60 Jahren so aus, als würde die Nutzpflanze Hanf ein Relikt vergangener Zeiten.

Warum Hanf verboten wurde

Der Anbau von Cannabis wurde Mitte des 20. Jahrhunderts fast auf der ganzen Welt verboten. Das erste Anbauverbot erging 1937 in den USA. Welche Beweggründe dazu führten, dass Cannabis plötzlich als gefährliche Droge galt, ist bis heute umstritten. Amtlichen Aussagen, nach denen durch das Verbot der Hanfproduktion der Konsum des Rauschmittels eingedämmt werden sollte, stehen verschiedene Verschwörungstheorien gegenüber.

Die wohl populärste sieht im Hanfverbot in erster Linie eine Kampagne der chemischen Industrie. Danach stand die Cannabispflanze mehreren Unternehmen im Weg, die die Wirtschaftlichkeit ihrer Neuentwicklungen durch Hanf gefährdet sahen.

So hatten die deutsche IG Farben und der US-amerikanische Konzern Du Pont gleich mehrfach Grund, den Konkurrenten Cannabis aus dem Weg zu räumen. Sie produzierten auf Erdöl basierende Kunstfasern wie Nylon und experimentierten mit weiteren Erdölanwendungen wie Farben und Lacken oder Wasch- und Reinigungsmitteln. In vielen dieser Geschäftsfelder hatte Cannabis zu diesem Zeitpunkt die größten Marktanteile. Glaubt man den Vertretern der Theorie, kam erschwerend hinzu, dass Du Pont viel Geld in die Entwicklung chemischer Verbindungen zur Verbesserung des Wirkungsgrades von Benzinmotoren, sogenannten Additiven, investiert hatte. Diese Gelder wären verloren gewesen, wenn sich die Verwendung von Cannabis-Ethanol als Kraftstoff durchgesetzt hätte.

Zusätzliches Öl ins Feuer der Verschwörungstheorie ist die Tatsache, dass damals mit Andrew Mellon ein naher Verwandter des Cannabisgegners Harry Anslinger Chef des Konzerns General Motors war. Bevor er zum damals zweitgrößten Automobilproduzenten ging, war Mellon Finanzminister unter Präsident Hoover und hatte in dieser Position seinem Verwandten Anslinger ein Amt auf den Leib geschneidert. Als Chef der neuen staatlichen Rauschgift- und Drogenbehörde tat Anslinger ab 1931 alles, um Cannabis verbieten zu lassen. Manch einer sieht in den Anti-Marihuana-Kampagnen Anslingers deshalb weniger echte Sorge um die Gesundheit der Bevölkerung als vielmehr ein Dankeschön für seinen alten Förderer Mellon und eine staatliche Einmischung in den Konkurrenzkampf der Automobilgiganten Ford und General Motors. Als Chef von GM hatte sich Mellon sehr früh auf Kraftstoffe aus Erdöl festgelegt, während Henry Ford nach einer ökologischeren Alternative suchte. Was lag da näher, als den Ethanolversuchen Fords den Rohstoff Cannabis zu entziehen?

Eine weitere Gruppe von Wirtschaftsvertretern hatte laut Verschwörungstheorie ein Interesse am Hanfverbot. Demnach seien auch die großen Produzenten von Holzpapier

Hearst Paper, Kimberley Clark und St. Regis nicht unschuldig an der weltweiten Ächtung von Cannabis gewesen.

Seit Friedrich Gottlob Keller im Dezember 1843 ein Verfahren zur Herstellung von Papier aus dem Holz von Bäumen erfunden hatte, waren noch nicht einmal 100 Jahre vergangen. In dieser vergleichsweise kurzen Zeit hatte Holzpapier gerade in den waldreichen Gebieten der USA unzählige Papierfabriken entstehen lassen und ihre Besitzer zu reichen Leuten gemacht. Von dieser Entwicklung profitierte auch die chemische Industrie, weil für die Holzpapierproduktion große Mengen Schwefelverbindungen, Säuren und Bleichmittel benötigt werden.

Der Papiermarkt, an dem alle Beteiligten gut verdienten, war durch eine Erfindung von 1916 in Unruhe geraten. Der Botaniker Lyster Dewey und der Chemiker Jason Merrill hatten im Auftrag des US-Landwirtschaftsministeriums ein Verfahren entwickelt, mit dem erstmals auch die Schäben der Cannabispflanze zu Papier verarbeitet werden konnten. Vorher nutzte man dazu lediglich die Fasern.

Wirtschaftlich wurde das neue Verfahren erst in den 20er Jahren, als neue Maschinen dazu führten, dass Hanf deutlich kostengünstiger geerntet und Hanffasern und -schäben viel leichter voneinander getrennt werden konnten.

Die Verfechter der Cannabisverschwörung sehen deshalb in der von Hearsts Presseimperium getragenen Hetzkampagne gegen Marihuana einen Versuch, die neue Konkurrenz auf dem Papiermarkt zu schädigen.

Unabhängig von den Beweggründen wurde der Cannabisanbau in den USA 1937 durch den Marihuana-Tax-Act verboten und diese Regelung durch die Single Convention on Narcotic Drugs der Vereinten Nationen 1961 in alle Welt exportiert.

Die Wiederentdeckung der Nutzpflanze Hanf

Auch in Deutschland wurden in der Folge strengere Drogengesetze beschlossen. 1971 trat das Betäubungsmittelgesetz in Kraft, welches in seiner ersten Version den Anbau von Cannabis zuließ, solange keine psychoaktiven Wirkstoffe vorhanden waren. Seitdem wurde das BtMG wiederholt erweitert. Ab dem 1. Januar 1982 waren Cannabispflanzen und -pflanzenteile unabhängig vom THC-Gehalt illegal.

Schon früh regte sich Widerstand gegen diese Regelung, den Hanfbauern fehlte jedoch ein kompetentes und medienwirksames Sprachrohr. Im Gegensatz zur »Rauschmittelszene« war die »Nutzhanfbrache« kaum politisch aktiv, und auch der Bauernverband hatte kein Interesse, die betroffenen Landwirte zu unterstützen.

In den Folgejahren erschienen mehrere Bücher über den Rohstoff Cannabis, die angesichts der sinkenden Erdölvorräte fragten, wie lange man es sich noch leisten könne, auf Hanf zu verzichten. Besonders das 1985 in den USA erschienene »Hemp & The Marijuana Conspiracy: The Emperor Wears No Clothes« von Jack Herer verschaffte der Nutzpflanze Cannabis neue Aufmerksamkeit.

Im Rahmen der Harmonisierung der Gesetze in der europäischen Gemeinschaft setzte sich besonders die damals größte europäische Cannabisnation für den Erhalt der Nutzhanfproduktion ein: Frankreich. Andere Länder schlossen sich den Forderungen der Franzosen an, und so verfügte die Europäische Kommission 1989 in der Verordnung Nr. 1164/89, dass der Anbau von Cannabis zur Rohstoffgewinnung von den Mitgliedsstaaten legalisiert werden muss. Um einen Missbrauch der Regelung zur Drogenproduktion zu verhindern, wurde beschlossen, in die Liste der zugelassenen Sorten nur solche aufzunehmen, deren ausgewachsene Pflanzen weniger als 0,3 Prozent THC enthalten. Ende der 90er wurde die Wirkstoffgrenze noch einmal reduziert.

Die EU-Regelung wurde von deutschen Politikern als Verharmlosung der Drogenprobleme abgelehnt und bis heute nur unzureichend umgesetzt. Statt den Nutzhanfanbau zu legalisieren, wie es die EU vorschrieb, wurde das BtMG 1993 lediglich um eine Vorschrift erweitert, die den Anbau »genehmigungsfähig« macht. Die Anlage I des BtMG, in der »Nicht verkehrsfähige Betäubungsmittel« aufgeführt sind, wurde betreffend Cannabis um folgende Regeln ergänzt. Verboten ist:

»Cannabis (Marihuana, Pflanzen und Pflanzenteile der zur Gattung Cannabis gehörenden Pflanzen) ausgenommen (...)
c) wenn sie als Schutzstreifen bei der Rübenzüchtung gepflanzt und vor der Blüte vernichtet werden oder
d) wenn sie von Unternehmen der Landwirtschaft angebaut werden, (...) mit Ausnahme von Unternehmen der Forstwirtschaft, des Garten- und Weinbaus, der Fischzucht, der Teichwirtschaft, der Imkerei, der Binnenfischerei und der Wanderschäferei, oder die für eine Beihilfegewährung (...) in Betracht kommen und der Anbau ausschließlich aus zertifiziertem Saatgut erfolgt (Nutzhanf).«

Es darf nicht jeder Cannabis anbauen, selbst wenn die Pflanzen keine Rauschwirkung haben. Der Anbau ist ausschließlich bestimmten Landwirten vorbehalten. Selbst diese müssen sich strengen Kontrollen unterwerfen.

So dürfen sie nur bestimmtes Saatgut von einem begrenzten Anbieterkreis verwenden. Zum Nachweis sind alle Etiketten des Saatguts bei den zuständigen Landesbehörden einzureichen. Der Bundesanstalt für Ernährung und Landwirtschaft (BLE) und den Landesbehörden sind unangemeldete Kontrollen von Saatgut, Feld und Hof gestattet. Zu diesem Zweck muss der Landwirt selbst den Anbau einzelner Pflanzen bei der BLE anmelden. Wird das Cannabis auch oder ausschließlich zur Faserproduktion angebaut, wie in 90 Prozent der Fälle, ist der Verkauf des produzierten Hanfs ausschließlich an eine Reihe zugelassener Weiterverarbeiter gestattet. Der Vertrag mit dem Verarbeiter muss in diesen Fällen bereits vor der Aussaat geschlossen werden. Der Anbau von Cannabis als Zierpflanze ist vollständig verboten.

Unzählige weitere Vorschriften haben dazu geführt, dass bis heute nur wenige Landwirte Cannabis anbauen. Viele Anbauwillige fühlen sich so stark in ihrer Freiheit eingeschränkt, dass sie lieber auf Cannabis verzichten.

Deutsches Cannabis heute und in Zukunft

Obwohl Cannabis die Feldfrucht mit den strengsten und zahlreichsten Anbauregeln ist, sind Hanffelder wieder ein normaler Anblick. Besonders in Brandenburg und Süddeutschland hat die anspruchslose Pflanze ihr Nischendasein hinter sich gelassen. Heute wird Cannabis in Deutschland auf rund 2000 Hektar angebaut. Weiteren Flächenzuwachs erwarten Experten in den kommenden Jahren.

Begründet werden die optimistischen Prognosen einerseits mit zehntausenden Produkten, die aus und mit Cannabis hergestellt werden. Hinzu kommen die beinahe täglichen Markteinführungen neuer Hanfprodukte. Besonders in den Bereichen Biokunststoffe und Bioenergie bestehen große Wachstumspotenziale für Cannabis.

Eine Pflanze, die vollständig verwertet wird, ist Hanf inzwischen nicht mehr. Durch Züchtung sind Sorten entstanden, die auf einzelne Anwendungen hin optimiert wurden. Da die Produktion von eigenem Saatgut nicht erlaubt ist und der größte Teil des in Deutschland legal wachsenden Cannabis der Produktion von Fasern und Schäben dient, sind viele Bauern dazu übergegangen, die Cannabispflanzen vor der Blüte zu ernten. Mit dieser Maßnahme schützen sie sich auch vor Dieben, die gerade in den ersten Jahren nach der Wiederzulassung von Nutzhanf auf der Suche nach vermeintlichen Rauschmitteln zum Teil erhebliche Schäden in blühenden Cannabisfeldern verursachten, obwohl die gestohlenen Hanfpflanzen nicht als Droge geeignet waren.

Zu fast 80 Prozent gehen die heute produzierten Hanffasern in die Papierindustrie. Aus Cannabis entstehen Spezialzellstoffe für Zigarettenpapier, Banknoten oder Aktien. Die Verwendung von Hanfpapier für einfache Schreibwaren und Büroartikel ist hingegen selten. Cannabis leidet in diesem Bereich unter seinem vergleichsweise hohen Preis. Die steigende Nachfrage nach Holz ließ die Papierpreise in den letzten Jahren explodieren. Hanfpapier rückt so wieder verstärkt in den Fokus der Papierindustrie.

Auch die Bauwirtschaft hat Cannabis wiederentdeckt. Derzeit nutzt sie einen Anteil von zehn Prozent der Faser- und Schäbenproduktion. Cannabis ist nicht nur ein hervorragendes Dämmmaterial, das von der EU mit bis zu 35 Euro pro Kubikmeter gefördert wird. Aus ihm lassen sich auch Fußböden, Backsteine und Holzimitate herstellen. Vielversprechend sind auch Geotextilien aus Hanf. Diese »Teppiche für draußen« können unterschiedlichste Funktionen haben. Manche sollen vor Unkraut und Schädlingen schützen, andere sind mit Blumensamen bestückt und werden als Beet zum Ausrollen angepriesen.

Die überwiegende Mehrheit der mehr als 30.000 Tonnen Schäben, die in Deutschland pro Jahr produziert werden, wird zu Einstreu für Tiere verarbeitet. Vom Hamster im Kinderzimmer bis zum professionellen Gestüt profitieren die Nutzer von der hohen Feuchtigkeitsaufnahme, Schädlingsresistenz und guten Kompostierbarkeit von Hanfstreu. Da beim Anbau von Cannabis kaum Schädlings- oder Unkrautbekämpfungsmittel eingesetzt werden müssen, ist Hanfeinstreu im Gegensatz zu Holzspänen nahezu frei von Umweltgiften.

Die ehemals wichtigste Hanfanwendung, die Produktion von Hanftextilien, spielt heute in Deutschland kaum eine Rolle. Im Vergleich zu Baumwolle oder Kunstfasern ist die Verarbeitung von Cannabis zu Kleidung schlicht zu teuer. Wo es auf besondere Haltbarkeit ankommt, hat Cannabis aber Marktanteile zurückgewinnen können. Nicht nur Allergiker schätzen die geringe Belastung von Hanfkleidung mit Chemikalien und Giften.

Die größten Zuwachsraten verzeichnet Cannabis derzeit als Teil von Biokunststoffen. Insbesondere im Automobilbau wird verstärkt auf Bauteile aus Hanf und anderen Naturfasern gesetzt. Im Jahr 2005 wurden bereits gut 1800 Tonnen Cannabisfasern meist als Formpressteile in deutschen Kraftfahrzeugen verbaut. Da die Technologien im Bereich Kunststoffe noch sehr neu sind, erwarten Experten hier einen weiteren Nachfrageschub. Selbst wenn Cannabis seinen Marktanteil von derzeit rund zehn Prozent des Automobilfaserbedarfs hält, werden in wenigen Jahren bereits mehr als 10.000 Tonnen Hanffasern pro Jahr für Fahrzeuge benötigt. Ein Vielfaches scheint möglich, da der Anteil der Entwicklungskosten an Produkten mit Hanffasern stetig sinkt und diese so konkurrenzfähiger werden.

Im Zuge der Debatte über die globale Erwärmung und die Senkung des CO_2-Ausstoßes wird Cannabis auch als Energiepflanze zunehmend interessant. Die einfachste Methode, die in Hanfpflanzen gespeicherte Sonnenenergie zu nutzen, ist es, die Pflanzen in herkömmlichen Holzöfen zu verbrennen. Dabei entspricht die Energieausbeute eines

Hektars Hanffeld rund 4 Tonnen Heizöl. Höhere Wirkungsgrade lassen sich durch die Umwandlung von Cannabis in Bioethanol erreichen. Aus Hanfsamen lässt sich darüber hinaus Biodiesel herstellen, der von herkömmlichen Dieselmotoren verbrannt werden kann.

Obwohl Cannabis seit seiner Wiederzulassung 1993 in vielen Bereichen Fuß fassen konnte und die Wachstumsgrenze lange noch nicht erreicht sein dürfte, ist nicht zu erwarten, dass die alte Kulturpflanze wieder die Bedeutung erlangen wird, die sie noch vor 100 Jahren hatte. Insbesondere die diskriminierenden gesetzlichen Regelungen verhindern derzeit ein echtes Comeback. Bis heute leiden Hanfbauern und -verarbeiter unter dem Image von Cannabis als gefährliche Droge. Wer die vielseitige Nutzpflanze Cannabis wegen ihrer Anwendung als Rauschmittel ablehnt, wird ihr nicht gerecht.

5. Cannabis in der Medizin

Die Kritik am Betäubungsmittelgesetz (BtMG) würde weniger scharf ausfallen, wenn die Einschränkungen für Landwirte die einzige »Nebenwirkung« des Cannabisverbotes wären. Doch das Rauschmittelgesetz wirkt sich auch auf eine andere Gruppe von Cannabisnutzern aus.

Viele Cannabiskonsumenten fühlen sich von Staatsanwalt und Polizei verfolgt, während Nichtkonsumenten ihre kiffenden Mitmenschen oft einseitig als Abhängige sehen. Opfer sind vor allem Patienten, denen die Medizin Cannabis vorenthalten wird.

Beipackzettel – Wirkung, Nebenwirkungen, Gegenanzeigen

Fluch und Segen der medizinischen Verwendung von Cannabis ist sein breites Spektrum an Inhaltsstoffen und Wirkungen. Moderne Medikamente enthalten in der Regel nur eine geringe Anzahl klar definierter Wirkstoffe. Die Anzahl der Stoffe, die in Cannabis vorkommen, wird auf mindestens 100 geschätzt. Wie diese wirken, ist weitgehend unklar. Auch die bereits isolierten und in ihrer Wirkung untersuchten mehr als 60 Cannabinoide haben eine Vielzahl unterschiedlicher Effekte.

Den mitunter sehr teuren, speziell für eine Diagnose designten Pharmaprodukten mit Apothekenzwang steht mit Cannabis ein Naturprodukt gegenüber, das für ein breites Spektrum an Erkrankungen eingesetzt werden kann, beinahe überall erhältlich ist und sehr wenig kostet. Einziger Nachteil – es ist illegal.

Der wichtigste Wirkstoff in Cannabis ist THC (Tetrahydrocannabinol). Abhängig von Dosis und Applikationsform wirkt es euphorisierend oder beruhigend. Es hemmt Brechreiz und steigert den Appetit. Der Konsum von THC weitet die Gefäße und senkt den Augeninnendruck. Es kann Juckreize lindern und die Heilung von Entzündungen beschleunigen. Darüber hinaus entspannt THC die Muskeln und beugt epileptischen Anfällen vor. Seit tausenden Jahren wird THC als Schmerzmittel und zum Senken von Fieber genutzt. Es wird erfolgreich als Schlafmittel und gegen asthmatische Erkrankungen verwendet. Mitunter können Menschen davon profitieren, dass THC die Blutgerinnung hemmt. Auch die leicht stopfende Wirkung mag in Einzelfällen ein gewünschtes Ergebnis der THC-Therapie sein.

Cannabis ist weit mehr als nur THC, und auch die Anwendungen von Cannabis als Medizin gehen über die Wirkungen des THC hinaus. Längst nicht alle Effekte einer Cannabistherapie sind wissenschaftlich belegt. Viele der bereits bekannten Anwendungen wurden nur durch Zufall entdeckt. Andere gehen auf Erfahrungen von Patienten zurück, die sich illegal selbst mit Cannabis behandeln.

Natürlich ist auch THC nicht frei von Nebenwirkungen. Diese sind jedoch in aller Regel unbedenklich. So ist die stimmungsaufhellende Wirkung nicht immer ein gewünschter therapeutischer Effekt. Wer sowieso an niedrigem Blutdruck leidet, kann Probleme mit der durch THC verursachten Gefäßerweiterung erleben, etwa unangenehm kalte Füße. Die zusätzliche Belastung des Kreislaufs durch

THC kann dazu führen, dass von einer Cannabistherapie abgeraten werden muss. Einige Patienten erleben den durch THC verringerten Speichelfluss als unangenehm. Andere berichten von einer größeren Blendempfindlichkeit.

Wer Kraftfahrzeuge oder Maschinen führt, sollte die Dosis so gering wählen, dass keine Wahrnehmungsveränderungen auftreten. Das Beste ist in diesen Fällen, auf die Teilnahme am Straßenverkehr oder auf gefährliche Tätigkeiten ganz zu verzichten. Ebenso sollten Schwangere kein Cannabis konsumieren, weil die Auswirkungen von THC auf ungeborenes Leben noch nicht abschließend bewertet werden können. Andererseits macht eine Cannabistherapie eine normale Schwangerschaft mitunter erst möglich, wenn dadurch andere gefährlichere Medikamente ersetzt werden können. Auch bei der Behandlung von Minderjährigen mit Cannabis ist eine sorgfältige Abwägung der erhofften Wirkung und potenziell negativer Einflüsse auf die Entwicklung des Patienten geboten. Patienten mit einem hohen Psychoserisiko oder bereits akuten psychologischen Erkrankungen wird von Cannabis abgeraten, weil es im Verdacht steht, latent vorhandene psychotische Erkrankungen auszulösen. Es gibt aber auch einen Teil der Psychosepatienten, der die Symptome der Erkrankung mit Cannabis erfolgreich reduziert.

Lebensgefährliche Nebenwirkungen sind für THC nicht bekannt. Auch wurden bisher kaum allergische Reaktionen beschrieben. Eine versehentliche bedrohliche Überdosierung ist praktisch unmöglich. Noch weitgehend unklar sind die Wechselwirkungen von THC mit anderen Medikamenten. Es ist nicht auszuschließen, dass hier ein wesentliches Risiko der Cannabistherapie liegt, bisher überwiegen jedoch die positiven Erfahrungen. So können viele Schmerz- und Schlafmittel deutlich niedriger dosiert werden, wenn den Patienten zusätzlich THC gegeben wird.

Da ein großer Teil der Patienten sich ohne ärztliche Betreuung mit Cannabis versorgt, die Dosis und Applikationsform selbst wählt und dennoch keine Berichte von gefährlichen Wechselwirkungen vorliegen, erwarten Experten keine bisher unentdeckten Nebenwirkungen, die eine Neubewertung der Eignung von Cannabis als Medizin nötig machen würden.

Unerwünschte Folgen einer Cannabistherapie ergeben sich im Zweifel eher aus der Applikationsform. Wer seine Cannabisdosis als Tee, Speise oder in Kapseln konsumiert, hat möglicherweise Übelkeitsgefühle, wer mit Wickeln oder Salben arbeitet, erlebt mitunter lokale Betäubungseffekte, die über die gewünschte Schmerzlinderung hinausgehen. Besonders über längere Zeiträume gefährlich ist das Rauchen von Cannabis, da der Rauch die Atemwege schädigen kann. Wer nicht auf den bei dieser Applikationsform besonders schnellen Wirkeintritt verzichten kann, z. B. bei der Bekämpfung von akuten Schmerzen, dem kann ein Verdampfer helfen, sein Nebenwirkungsrisiko zu reduzieren.

Wenn die beschriebenen Nebenwirkungen und Gegenanzeigen auch im Einzelfall gegen eine Cannabistherapie sprechen, erleben die meisten Patienten THC als erstaunlich komplikationsfreies Medikament. Cannabis wohnt jedoch ein Problem inne, das sich nicht aus der biochemischen Wirkung ergibt: das Risiko, mit dem Gesetz in Konflikt zu geraten.

Natürliches Cannabis – die verbotene Medizin

Wer in Deutschland krank wird, hat Glück im Unglück. Das Gesundheitssystem der Bundesrepublik gilt als eines der kostengünstigsten und umfassendsten der Welt. Wer jedoch auf Cannabis als Medizin angewiesen ist, wird die deutschen Gesetze rund um Krankenkassen, Arzneimittel und Apotheken verfluchen.

In Deutschland unterliegt jeder Umgang mit Cannabis dem BtMG. Dort findet man es in der Liste »nicht verkehrsfähiger Betäubungsmittel«. Das bedeutet, dass natürliches Cannabis nicht von Ärzten verschrieben und von Apotheken weder erworben noch abgegeben werden darf.

Die einzige Hoffnung für Patienten, dennoch legal von Cannabis zu profitieren, ist nach § 3 BtMG eine Erlaubnis vom Bundesinstitut für Arzneimittel und Medizinprodukte (BfArM) zu erhalten. Diese Genehmigung wird nur »ausnahmsweise zu wissenschaftlichen oder anderen im öffentlichen Interesse liegenden Zwecken« erteilt. Bis 2005 verweigerte das BfArM selbst sterbenden Patienten pauschal die Erlaubnis zur Behandlung mit Cannabis, weil »die Therapie einer einzelnen Person allein der Gesundheit des jeweiligen Antragstellers und damit einem individuellen, keinem öffentlichen Anliegen dient«. In dieser Rechtsauffassung wurde die Behörde von Bundesregierung und Gesundheitsministerium bestärkt, weil diese befürchteten, dass die Verwendung von Cannabis als Medizin den Konsum der Droge im Allgemeinen verharmlose und damit den Abstinenzbemühungen der Drogenpolitik zuwiderlaufe.

Am 19. Mai 2005 entschied das Bundesverwaltungsgericht (BVerwG) in Leipzig jedoch, dass die medizinische Versorgung der Bevölkerung kein globaler Akt ist. »Sie realisiert sich vielmehr stets durch die Versorgung einzelner Individuen, die ihrer bedürfen.« Das Gericht sah in der grundsätzlichen Weigerung des BfArM, Erlaubnisse an Patienten zu erteilen, einen unzulässigen Eingriff in das durch Artikel 2 des Grundgesetztes geschützte Recht auf körperliche Unversehrtheit. Das Gericht wies die Behörde an, den Antrag der Klägerin und alle zukünftigen Anträge im Einzelfall zu prüfen, weil »die staatliche Unterbindung des

Zugangs zu prinzipiell verfügbaren Therapiemodellen zur nicht unwesentlichen Minderung von Leiden« einer staatlich verübten Körperverletzung gleiche.

In seiner auch von den Medien viel beachteten Entscheidung stellte das BVerwG klar, dass »die Therapierung schwer kranker Menschen nicht nur deren individuelle Interessen verfolgt, sondern ein Anliegen der Allgemeinheit ist«.

Viele Betroffene und ihre Ärzte schöpften durch das Urteil neuen Mut, und so gingen beim BfArM in den folgenden Monaten verstärkt Anträge für die Nutzung natürlichen Cannabis als Medizin ein. Die anfängliche Euphorie legte sich, als klar wurde, dass das BfArM nicht gewillt ist, Erlaubnisse zu erteilen. Statt wie bisher zügig negativ zu bescheiden, war die neue Strategie der Behörde, Anträge schleppend oder gar nicht zu bearbeiten. Manche Patienten sprachen voller Verbitterung über die »biologische Lösung des Problems« und spielten damit auf jene an, die bis zu ihrem Tod keine Entscheidung über ihren Antrag erlebten.

Natürlich konnte das BfArM das Cannabisproblem nicht einfach aussitzen, und so verlegte man sich darauf, die Erlaubnis an zum Teil abstruse Auflagen zu knüpfen. Neben verständlichen Anforderungen, wie einer umfangreichen Darlegung der Krankheitsgeschichte und einer individuellen Nutzen-Risiko-Bewertung, fand sich in den 2005/2006 an Antragsteller versendeten Auflagen auch die Verpflichtung, das benötigte Cannabis in einem geeigneten, fest installierten Tresor aufzubewahren und die Portionierung durch eine Person mit entsprechender »betäubungsmittelrechtlicher Sachkenntnis«, also einen speziell geschulten Arzt oder Apotheker, durchführen zu lassen.

Wieder erntete das BfArM nicht nur von Patienten Kritik für die Auflagen, die eher an den Umgang mit hochexplosiven Stoffen oder gefährlichen Krankheitserregern erinnerten als an ein vergleichsweise risikoarmes Medikament.

Der Druck der Medien und die Angst der Behörde vor einer neuerlichen Niederlage vor Gericht führten dazu, dass die geforderten Bedingungen nach und nach auf ein angemesseneres Niveau korrigiert wurden. Um dennoch nicht massenhaft Erlaubnisse erteilen zu müssen, verwies man nun darauf, dass natürliches Cannabis starken Wirkstoffschwankungen unterliege und damit die therapeutisch notwendige Genauigkeit der Dosierung unmöglich sei.

Im Gegensatz zu früheren Versuchen, die Anzahl der zu erteilenden Erlaubnisse möglichst niedrig zu halten, schlug die Behörde im Frühling 2007 von sich aus eine Lösung des Dosisproblems vor. Danach sei die Verwendung eines standardisierten Extrakts aus natürlichem Cannabis geeignet, die Bedenken des BfArM so weit zu reduzieren, dass eine Erlaubnis bei bestimmten, besonders schweren Krankheitsbildern erteilt werden könne.

Ähnlich wie die Entscheidung des BVerwG löste auch die am 9. August 2007 erteilte erste Erlaubnis für die Verwendung eines medizinischen Cannabisextraktes durch eine an Multipler Sklerose leidende Frau ein großes Medienecho aus. Vielfach wurde darüber berichtet, als wäre die Entscheidung der Durchbruch für alle Cannabispatienten. Dabei ist dieser Einzelfall laut BfArM für andere Anträge »nicht grundsätzlich von Bedeutung«.

Darüber hinaus sind mit dem Cannabisextrakt Probleme verbunden, die dazu geführt haben, dass sogar ein Teil der in Frage kommenden Patienten den Extrakt verweigert und auf einer Erlaubnis für natürliches Cannabis besteht.

So wurden zwar mehrere Extraktgenehmigungen erteilt, ein konkretes Präparat existiert jedoch bisher nicht. Die Firma THC-Pharm konnte der ersten Patientin einmalig einen Cannabisextrakt kostenlos zur Verfügung stellen, die Kosten der dauerhaften Therapie sind jedoch noch nicht klar. Keiner erwartet ernsthaft, dass ein von einem Unternehmen produziertes Medikament ähnlich preiswert ist wie das nötigenfalls sogar in der eigenen Wohnung herstellbare natürliche Ausgangsprodukt. Auch fehlt es für die regelmäßige Extraktproduktion an geeignetem Ausgangsmaterial. Ein Anbau von THC-reichem Cannabis für die Herstellung von Medikamenten ist in Deutschland bisher sogar den auf THC spezialisierten Pharmafirmen nicht gestattet.

Dronabinol, Sativex und synthetisches THC

Wer beim BfArM eine Erlaubnis für Cannabis beantragt, muss unter anderem nachweisen, dass eine Therapie mit »synthetischem THC« für ihn nicht in Frage kommt. Der Einzelwirkstoff Delta-9-THC steht nämlich seit dem 1. Februar 1998, im Gegensatz zu natürlichem Cannabis, nur in der Anlage III des BtMG. THC ist also ein »verkehrsfähiges und verschreibungsfähiges Betäubungsmittel«. Pharmafirmen ist es so möglich, THC aus Cannabispflanzen zu isolieren und daraus ein standardisiertes Medikament herzustellen. In Deutschland wird das benötigte THC mit hohem technischen Aufwand aus großen Mengen Nutzhanf extrahiert.

Die juristische Neueinordnung macht THC nicht zu einem normalen Medikament, sie erleichtert den Zugang zu entsprechenden Präparaten jedoch erheblich.

Die damals erfolgte Einstufung in die weniger strenge Kategorie ermöglicht es Ärzten, entsprechende Medikamente zu verschreiben, wenn die Behandlung erfolgversprechend ist. Es existieren zurzeit zwei Präparate, die von dieser Regelung betroffen sind. Zum einen vollsynthetisches THC, das in den USA und Kanada unter dem Namen Marinol vertrieben wird. Zum anderen das Medikament Dronabinol, das von einer deutschen Firma hergestellt wird. Für Dronabinol wird das Cannabidiol (CBD) aus THC-armem Nutzhanf extrahiert und chemisch in THC umgewandelt.

Diese THC-Präparate werden in Deutschland vor allem bei folgenden Erkrankungen und Diagnosen verordnet:

- Krebspatienten lindern mit THC die Nebenwirkungen der Chemotherapie. Sie profitieren von abnehmender Übelkeit und steigendem Appetit. Es wurde in Einzelfällen beobachtet, dass THC das Wachstum von Tumoren hemmt.

- An AIDS Erkrankte nutzen Cannabis als Appetitanreger, einige berichten von einer Stabilisierung bzw. Anregung des Immunsystems.

- Patienten mit Grünem Star (Glaukom) kann die Senkung des Augeninnendrucks und die Zunahme des Wasserabflusses aus dem Auge Linderung verschaffen. THC scheint die Wirkung herkömmlicher Medikamente zur Bekämpfung dieser Krankheit zu verstärken.

- Epileptiker können durch das entspannende THC Krampfanfälle abschwächen oder verhindern. Auch hier wird von positiven Effekten einer Kombinationsbehandlung mit THC und klassischen Mitteln berichtet. Gleiches gilt für rückenmarkbedingte Spastik, Multiple Sklerose und ähnliche Erkrankungen der Muskulatur.

- Schmerzpatienten kann THC Linderung verschaffen. Auch gegen Migräne wurde es erfolgreich eingesetzt.

- Bei psychischen Erkrankungen wie Depression kann THC mitunter erfolgreich eingesetzt werden. Es kann die Erkrankung jedoch auch vertiefen.

Die Wirkung einer THC-Therapie auf viele weitere Erkrankungen ist noch nicht ausreichend erforscht, um einen flächendeckenden Einsatz des Medikaments zu rechtfertigen. So kann THC nach den Erfahrungen einzelner Patienten den Juckreiz bei Neurodermitis lindern und unterstützt die Heilung von Entzündungen.

Die THC-Medikamente sind jedoch mit Problemen behaftet. Viele Ärzte machen von den Verschreibungsmöglichkeiten keinen Gebrauch. Sie sehen das Risiko eines Missbrauchs auch bei niedriger Dosierung als so hoch an, dass sie von THC pauschal abraten. Vielfach sind diese Bedenken ungerechtfertigt und ein Ergebnis jahrzehntelanger Fehlinformation.

Ein anderes Problem sind die Kosten. THC gehört nicht zu den ordentlichen Arzneimitteln und ist deshalb auch nicht Teil des Leistungskatalogs der Krankenkassen. Insbesondere die Vertreter der gesetzlichen Kassen weigern sich, die relativ hohen Kosten für das synthetische Präparat zu erstatten. Nur den wenigsten Patienten ist es möglich, die für die Behandlung anfallenden bis zu 600 Euro pro Monat selbst zu bezahlen.

Auch beklagen Patienten, dass die Behandlung mit reinem THC weniger positive Effekte bringt als der Konsum von natürlichem Cannabis. Diese Beobachtung wird von Wissenschaftlern und Ärzten bestätigt und mit der Vielzahl anderer wirksamer Stoffe in Cannabis erklärt. Das Bundesgesundheitsministerium und das BfArM behaupten dennoch, dass Dronabinol natürlichem Cannabis in seiner Wirkung »zumindest gleichwertig« sei.

Ein Schritt zur Lösung des Problems könnte ein britisches Präparat mit dem Namen Sativex sein. Dieses enthält neben THC auch CBD (Cannabidiol). Das Medikament ist inzwischen in mehreren Ländern (z. B. Großbritannien, Italien und Kanada) zur Linderung neuropathischer Schmerzen bei Multipler Sklerose oder Krebserkrankungen zugelassen. Die Markteinführung in Deutschland ist derzeit nicht möglich, da der Gesetzgeber die medizinische Wirksamkeit von CBD trotz mehrerer positiver Studien nicht anerkennt und deshalb die nötige Umstufung in die Anlage III des BtMG verweigert.

Zwischen Knast und Krankenhaus

Der juristische Status von Cannabis als gefährlicher Droge, deren Verbreitung mit dem Strafrecht entgegengewirkt werden muss, greift direkt oder indirekt auch in das Leben derjenigen ein, die Cannabis als Medizin nutzen wollen.

Weil sie nicht darauf warten können, dass sie vom BfArM eine Erlaubnis für natürliches Cannabis erhalten, oder ahnen, den erlösenden Brief nie zu erhalten, greifen viele Patienten zur Selbsthilfe und versorgen sich auf dem Schwarzmarkt mit Haschisch und Marihuana. Wer sich das teure synthetische THC nicht leisten kann oder von Dronabinol nicht die erhoffte Linderung erfährt, greift vielfach auf illegale Versorgungswege zurück und geht damit ein hohes Risiko ein. Manche Fahrt in Coffeeshops oder eine der niederländischen Apotheken, die medizinisches Cannabis auf Rezept abgeben dürfen, endet in einer Kontrolle des deutschen Zolls. Wenn Patienten aus Angst vor verunreinigten Schwarzmarktprodukten, schwankender Qualität oder vor Versorgungsengpässen beginnen, Cannabis für den eigenen Bedarf anzubauen, steigen die angedrohten Strafen erheblich.

Ärzte, die ihre Patienten entsprechend beraten oder sie gar mit medizinischem Cannabis versorgen, laufen Gefahr, ihre Zulassung zu verlieren, und riskieren erhebliche Strafen. Manch ein Arzt verweigert seinen Patienten aus Angst vor

Strafe jedes Gespräch über Cannabis. Unzählige Patienten erfahren so nicht einmal von der Möglichkeit einer Linderung ihrer Leiden.

Polizei und Staatsanwaltschaft gehen bei Cannabispatienten und ihren Ärzten oft mit der gleichen Härte vor, die sie auch bei »richtigen Kriminellen« anwenden. Nicht wenige Cannabispatienten müssen neben der Belastung durch die Erkrankung auch den Stress einer Hausdurchsuchung oder Gerichtsverhandlung ertragen.

Um eine Verharmlosung des Rauschmittels Cannabis zu verhindern und um ein Gesetz aufrechtzuerhalten, das aus guten Gründen umstritten ist, wird von der Politik das Leid hunderttausender kranker Menschen hingenommen. Wer den kostengünstigen Zugang zu medizinischem Cannabis verweigert, wer Patienten auf die Erteilung einer bürokratischen Erlaubnis warten lässt, wo schnelle Hilfe gefordert ist, wer an einem Gesetz festhält, das das Elend von Kranken unnötig vergrößert, hat nicht verstanden, dass Leben auch lebenswert sein muss.

Die Legalisierung von Cannabis als Medizin ist keine Frage der Drogenpolitik, sondern eine der Menschenwürde!

6. Cannabis in der Öffentlichkeit

Die wenig dramatischen Erfahrungen der meisten Cannabiskonsumenten stehen im krassen Gegensatz zu dem, was in den Medien üblicherweise zu lesen ist und was man von Politikern, Wissenschaftlern oder Ärzten zu hören bekommt. In der öffentlichen Auseinandersetzung steht die Gefährlichkeit des Kiffens, insbesondere für Kinder und Jugendliche, im Zentrum des Interesses. Ursache dafür ist vor allem, dass Cannabis im Betäubungsmittelgesetz (BtMG) als verbotene Droge aufgeführt ist. Die im BtMG aufgeführten Substanzen stehen nach landläufiger Meinung deshalb dort, weil von ihnen eine große Gefahr für die Gesundheit ausgeht. Logische Konsequenz: Cannabis ist verboten, also muss es gefährlich sein. Umgekehrt ist die Einschätzung der meisten Menschen zu der Frage, ob das Verbot von Cannabis sinnvoll ist oder nicht, davon abhängig, für wie gefährlich sie Cannabis halten.

Die Einschätzung der Öffentlichkeit hinsichtlich der Gefährlichkeit und der Legalisierung von Cannabis ist seit Jahrzehnten stark medial geprägt. In den 70er und 80er Jahren haben die Menschen kaum zwischen den einzelnen Drogen unterschieden. Ihr Bild war geprägt von erschreckenden Bildern und Berichten über Junkies und deren Schicksale. Christiane F. hat mit ihrem Buch »Wir Kinder vom Bahnhof Zoo« große Bevölkerungsschichten emotional berührt und so zu einer dramatischen Wahrnehmung der gesamten »Drogenszene« beigetragen. Ein ähnliches Ergebnis brachten in den 80ern erste Berichte über Jugendliche, die mit der neu aufkommenden Droge Ecstasy die Nächte durchtanzten.

Erst Anfang der 90er Jahre setzte sich die Erkenntnis durch, dass es erhebliche Unterschiede zwischen den einzelnen Drogen gibt und dass man Cannabis weder spritzt noch daran stirbt. 1994 urteilte das Bundesverfassungsgericht, dass gelegentliche Cannabiskonsumenten nicht wegen kleiner Mengen Haschisch oder Gras strafrechtlich verfolgt werden sollten. Cannabis wurde in den Folgejahren allgemein als relativ harmlos angesehen, und der Cannabiskonsum nahm unter Jugendlichen deutlich zu. Die Cannabiskultur verließ ihr Untergrunddasein und trat in der Öffentlichkeit deutlicher zutage. Es wurden spezielle Geschäfte (Head- und Growshops) für Cannabiskonsumenten eröffnet, Hochglanzmagazine für Kiffer gelangten in die Zeitschriftenregale, und die Konsumenten gingen offener mit ihrem Genussmittel um. Noch zur Jahrtausendwende war es in Mode, mit Cannabis zu kokettieren, etliche »Kiffer-Songs« stürmten die Charts. Prominente Beispiele hierfür sind Stefan Raabs »Wir kiffen« und »Gebt das Hanf frei«. Die alljährliche Berliner Hanfparade wurde immer größer, und die Hoffnung der Konsumenten auf eine Legalisierung war noch nicht verraucht. In der Schweiz schien eine durchgreifende staatliche Regulierung des Marktes kurz bevorzustehen, die entsprechenden Mehrheiten im Schweizer Parlament waren gesichert, ein konkretes Konzept lag auf dem Tisch. Doch dann wendete sich das Blatt hin zu einer deutlich negativeren Sicht auf Cannabis, die 2003 die Legalisierung in der Schweiz verhinderte und dann auch in Deutschland aufkam. Diese jüngste Entwicklung der öffentlichen Meinung ist auf Medienberichte über bekiffte Schüler, einen Anstieg der THC-Werte von Marihuana und über psychotisch auffällige Cannabiskonsumenten zurückzuführen. Diese Berichte unterstreichen allesamt die Gefährlichkeit von Cannabis und schüren die Angst vor der Droge, insbesondere die Angst der Eltern.

Medien im Rausch

Eine zentrale Rolle bei der Meinungsbildung der Bevölkerung und auch der Politiker spielen die Medien. Gehen sie eher entspannt mit dem Phänomen Cannabis um, sinkt auch die Angst in der Bevölkerung. Zeichnen sie ein dramatisches Bild, setzen sich Politiker für härtere Gesetze ein.

In der Regel sind Medien wenig daran interessiert, alle Facetten des Cannabiskonsums und die unterschiedlichen Wirkungen und Auswirkungen objektiv und wissenschaftlich zu betrachten. Es geht ihnen vor allem um die Steigerung von Auflagen oder Einschaltquoten. Sie suchen nach möglichst sensationellen Geschichten, die in der Lage sind, die Gefühle der Leser und Zuschauer anzusprechen. Dafür sind dramatische und beängstigende Berichte besser geeignet als eine Beschreibung des ganz normalen, unauffälligen Cannabiskonsumenten, der keine besonderen Probleme mit der Droge seiner Wahl hat. So entsteht ein verzerrtes Bild, Kiffen wird fast immer mit Problemen und nur sehr selten mit Genuss oder Entspannung in Verbindung gebracht. Dabei gibt es erstaunlich wenige Unterschiede zwischen vermeintlich liberalen und konservativen Tageszeitungen, zwischen privaten und öffentlich-rechtlichen Fernsehsendern. Kaum ein Medium kann sich dem beschriebenen Mechanismus regelmäßig entziehen. Im deutschsprachigen Raum kann man solche Tageszeitungen an einer Hand abzählen. Ausnahmen von dieser Regel gibt es mitunter bei einzelnen positiven Nachrichten über Cannabis, die einen gewissen

Überraschungseffekt versprechen. So ging im November 2007 eine Meldung über eine Schweizer Studie durch den Blätterwald, nach der gelegentliche Cannabiskonsumenten bessere Schüler sind als Abstinente. Auch beim Thema Cannabis als Medizin sind die Nachrichten nicht so negativ. Gelegentlich gibt es auch objektive Darstellungen in Kultursendungen, z. B. auf arte. Von diesen Ausnahmen abgesehen wird seit einigen Jahren so grotesk einseitig über Cannabis berichtet, dass wir die entsprechenden Mechanismen in »den Medien« mit gutem Gewissen etwas pauschal darstellen können.

Die Wende in der öffentlichen Wahrnehmung hin zu einer deutlich negativeren Sicht manifestierte sich Ende Juni 2004 in dem *Spiegel*-Artikel: »Die Seuche Cannabis«. Auf der Titelseite war ein kleines Schulmädchen mit einem riesigen Joint anstelle einer Schultüte zu sehen. Lang und breit wurden in dem Artikel die verschiedenen Risiken des Cannabiskonsums dargelegt, teilweise übertrieben, vor allem aber sehr einseitig:

> Eine neue Drogenwelle bedroht die deutschen Schulen: Immer mehr Jugendliche und sogar Kinder rauchen Cannabis – bis zum Totalabsturz. Seit hochgezüchtetes Power-Kraut geraucht wird, steigt die Zahl von Schwerstabhängigen mit lebenslangen Psychoschäden.

Dramatische Fälle von Jugendlichen wurden beschrieben, die sehr jung waren und sehr exzessiv konsumierten, mit zum Teil kurzen, aber steilen Drogenkarrieren. Der normale kontrollierte Cannabiskonsum der Mehrheit wurde völlig ausgeblendet. Den Lesern wurde auf diese Weise der Eindruck vermittelt, dass Cannabis die Konsumenten mit hoher Wahrscheinlichkeit aus der Bahn wirft. Diese Story hat so viel Wirbel ausgelöst und vermutlich auch die Auflage nach oben getrieben, dass sie eine Flut ähnlich lautender Berichte in Tageszeitungen nach sich zog und auch der *Focus* Anfang Oktober 2004 nachlegte. Mister »Fakten, Fakten, Fakten«, *Focus*-Chefredakteur Helmut Markwort, schrieb im Vorwort:

> Cannabis macht nicht aggressiv, es macht stumpf, weil es Gehirnzellen abtötet. Unreparierbar. Der gesteigerte THC-Gehalt beschleunigt die Verblödung.

So wurde eine Medienwelle losgetreten, die die öffentliche Meinung nachhaltig und bis heute verändert hat. Der Trend, Cannabiskonsumenten praktisch ausschließlich in Form von extremen Einzelschicksalen darzustellen und mögliche und vermeintliche Risiken des Konsums zu dramatisieren, ist noch immer in den meisten Berichten vorherrschend.

Wie oben bereits dargestellt, spielt die Tatsache eine große Rolle, dass Cannabis eine verbotene Droge ist. Das wird auch daran deutlich, welche Worte die Medien für Cannabis verwenden. Häufig ist die Rede von »Rauschgift« oder »Suchtgift«, obwohl Cannabis weder besonders giftig ist noch besonders abhängig macht. Abwegig erscheint auch der Begriff »Suchtmittel«, als sei es Zweck der Substanz, davon abhängig zu werden. Diese Bezeichnungen würde niemand auf Wein oder Bier anwenden, allein schon, weil sie eben nicht im »Betäubungsmittel«-Gesetz aufgelistet sind. Entsprechend finden solche Begriffe oft aus dem Mund von Richtern und Polizisten ihren Weg in die Medien.

Diese Verwendung von Begriffen ist aber nur ein kleines Beispiel dafür, wie die Illegalität der Droge die Berichterstattung insgesamt beeinflusst. Illegale Drogen haben nach gängigen Klischees immer etwas mit Verelendung und Absturz zu tun. Solche Vorstellungen werden auf der Suche nach ausdrucksstarken Geschichten gerne bedient. So kommt es zu Berichten über Jugendliche, die wegen ihres Cannabiskonsums in der Schule nicht mehr klarkommen. Dass der Cannabiskonsum daran schuld ist, wird automatisch vorausgesetzt, die Suche nach anderen Ursachen hat sich damit erledigt.

Dementsprechend werden auch neuere Studien und Erkenntnisse einseitig und selektiv dargestellt. Die Presse stürzt sich auf Studien, die eine der möglichen negativen Auswirkungen des Cannabiskonsums untersuchen, und stellt die Ergebnisse so dramatisch wie möglich dar. Differenzierte Einschätzungen der Autoren einer Studie werden dabei unter den Tisch gekehrt, und auch die Qualität der Studie wird kaum hinterfragt.

Als Fallbeispiel kann diese Schlagzeile von »Focus online« im Juli 2007 dienen:
Cannabis – Drastisch erhöhtes Psychoserisiko
Haschisch gilt als verhältnismäßig harmlose Droge. Zu Unrecht, wie eine aktuelle Studie nahelegt. Das Risiko für psychische Krankheiten steigt für Kiffer um bis zu 41 Prozent.

Diese Meldung ging zurück auf einen Artikel von Theresa Moore, University of Bristol, und Stanley Zammit, Cardiff University in Wales, der kurz zuvor in der Ärztezeitschrift *The Lancet* veröffentlicht worden war. Meldungen mit ähnlichem Tenor wie beim *Focus* gingen durch den gesamten Blätterwald. Dabei wurde verschwiegen, dass die Forscher selbst in der Studie erwähnen, dass nicht sicher sei, dass Cannabis tatsächlich die Ursache für die Psychosen ist. Ebenso gut könnte es sein, dass weitere Faktoren sowohl für den Cannabiskonsum als auch für die Psychosen der Betroffenen verantwortlich seien. Außerdem wird verschwiegen, dass die Wahrscheinlichkeit, an einer Psychose zu erkranken, recht gering ist und selbst bei sehr intensiven Kiffern nicht über 3 Prozent steigt. Das ist zwar für die Betroffenen eine große Last, bedeutet aber, dass selbst wenn Cannabiskonsum die Ursache für die Häufung der Psychosefälle sein sollte, nur ein geringer Teil der Konsumenten davon betroffen wäre. Diese Information ist aber weit weniger für eine Schlagzeile geeignet als ein »um 41 Prozent erhöhtes Risiko«.

Wie der *Focus* haben viele Medien diese Studie für die Behauptung zum Anlass genommen, Cannabisfreunde seien mit ihrer Aussage widerlegt, es handele sich um eine verhältnismäßig harmlose Droge. Wenn man bedenkt, dass das Psychoserisiko nach der zitierten Studie mindestens 97 Prozent der Konsumenten gar nicht betrifft, mutet das schon merkwürdig an. Die britischen Forscher sind der Meinung, dass eventuell 800 Psychosefälle pro Jahr vermieden werden könnten, falls die 6 Millionen Cannabiskonsumenten auf der Insel ihren Konsum einstellen würden, vorausgesetzt, dass überhaupt ein ursächlicher Zusammenhang besteht. Gleichzeitig sterben in Deutschland jedes Jahr über 40.000 Menschen an den Folgen des Alkoholkonsums. Mit einer derart differenzierten Darstellung lässt sich aber keine bemerkenswerte Schlagzeile produzieren. Die pauschale Behauptung »Cannabis ist doch gefährlich« ist viel eher geeignet, die Gemüter der Leser zu bewegen. Also wird jeder Bericht über eine Nebenwirkung von Cannabis hergenommen, um Cannabis pauschal als gefährliche Droge darzustellen, die es weiterhin zu verbieten gelte. Die britische Studie kam denn auch genau zu dem Zeitpunkt auf den Medienmarkt, als der britische Premierminister eine Verschärfung der Cannabisgesetze ankündigte.

Ein weiteres Thema, über das sehr gerne überzogen berichtet wird, sind angebliche gentechnische Veränderungen an der Cannabispflanze und dramatisch gestiegene Wirkstoffgehalte. Diese Gefahren werden so oft bemüht, dass sie eine nähere Betrachtung verdienen. Ausgangspunkt dieser Berichte ist die Annahme, dass ein hoher THC-Gehalt die Gefährlichkeit von Cannabis für den Konsumenten erhöht. Letzteres ist zwar pure Spekulation, eignet sich aber offenbar gut dazu, dem Leser einen Schauer über den Rücken zu jagen. In den entsprechenden Beiträgen werden dramatische Steigungsraten angeführt, teilweise ist von THC-Gehalten die Rede, die in wenigen Jahren um das Fünffache oder mehr gestiegen seien. Um über so drastische Steigerungen berichten zu können, werden frühere Durchschnittswerte mit heutigen Höchstwerten verglichen: »Vor fünf Jahren lag der durchschnittliche THC-Gehalt bei 5 %, jetzt gibt es Spitzenwerte bis zu 25 %«. In den gleichen Artikeln wird behauptet, die Steigerung werde durch Genmanipulation erreicht. Fazit dieser Berichte: Das heute auf dem Markt befindliche Cannabis ist nicht mehr mit der leichten Hippie-Droge von damals vergleichbar, es handelt sich um eine harte Droge, die schneller abhängig macht und die Kids schneller aus der Bahn wirft! Wegen des Mangels an anderen seriösen und leicht zugänglichen Informationsquellen erhalten solche Aussagen ein großes Gewicht, und insbesondere bei Eltern macht sich eine große Verunsicherung breit. Sogar Eltern, die früher ohne bedenkliche Erfahrungen selbst einmal mit Hanf experimentiert haben, fühlen sich verunsichert.

Doch was bleibt übrig von diesen dramatischen Berichten, wenn man die Sache genauer beleuchtet? Zunächst mal kann Entwarnung gegeben werden, was die Anwendung von Gentechnik bei der Züchtung neuer Hanfsorten angeht. Züchtung (und dadurch genetische Lenkung) ist zwar bei allen Nutzpflanzen üblich – auch bei Hanf. Gentechnik, also technische genetische Veränderungen durch das Manipulieren der Gensequenzen, gibt es bei Hanf aber bisher nicht. Das wäre viel zu teuer, würde die Kompetenzen der Züchter bei Weitem überschreiten und ist auch nicht notwendig, um die gewünschten Ergebnisse zu erhalten. Es gibt auch keinerlei offizielle Bestätigung für die Gentechnik-These beispielsweise vom BKA oder der Bundesregierung.

Woher kommen also diese Behauptungen? Wie kann sich eine solche Legende so hartnäckig in den Medien halten? In der Presse werden Zollbeamte oder Polizisten mit der Gentechnik-These zitiert, wenn sie nach Beschlagnahmung großer Mengen auf Pressekonferenzen die Wichtigkeit ihrer Arbeit darlegen wollen. Auch Vertreter von Drogenberatungsstellen sprechen auf Pressekonferenzen immer wieder vom »Gengras«. Sie haben vermutlich irgendwann in den Medien davon gehört und halten so einen ständigen Kreislauf von Berichten über gefährliches gentechnisch verändertes Cannabis in Gang, obwohl es für diese Hypothese keinerlei konkrete Anhaltspunkte oder offizielle Bestätigungen gibt. Vielleicht haben diese Beamten und Drogenberater hin und wieder in diverse Hanfmagazine geschaut, wo neue Züchtungen gerne in der Rubrik »Genetik« vorgestellt werden. Auch von »Klonen« ist dort oft die Rede. Das klingt zunächst nach Gentechnik, bedeutet aber nichts anderes als die Produktion von Stecklingen einer Mutterpflanze, die »Ableger« haben dabei das gleiche Genmaterial. Von Gen»technik« oder gar »genmanipuliertem Cannabis« im engeren Sinne kann aber nicht die Rede sein.

Bei den gestiegenen THC-Werten ist die Lage nicht ganz so eindeutig. Schon vor über 25 Jahren ist es vor allem den Niederländern gelungen, durch »Indoor-Anbau« und optimierte Zuchtbedingungen stärkere Sorten zu züchten. Damals gab es mit Sorten wie »Skunk« und »Superskunk« einen signifikanten Anstieg der THC-Gehalte. Seitdem haben die Züchter weitere Fortschritte gemacht, aber das schlug sich zumindest in den letzten 10 bis 15 Jahren kaum noch in einer Erhöhung der durchschnittlichen THC-Werte nieder. Es gibt zwar ein gewisses »Premium-Segment« auf dem Markt mit starkem Marihuana, aber in der breiten Masse wird eher mittelstarkes Marihuana aus europäischer Produktion und nach wie vor Standard-Haschisch aus Marokko gehandelt. Die Debatte um die Erhöhung der Werte betrifft vor allem Marihuana. Bei Haschisch waren auch früher schon starke Sorten auf dem Markt. Auch einen kleinen Markt für Haschischöl mit sehr hohem Wirkstoffgehalt gibt es bereits sehr lange. So kam auch die europäische Drogenbeobachtungsstelle in ihrer letzten Untersuchung der THC-Werte im Jahr 2004 zu dem Ergebnis, dass in ganz Europa mit Ausnahme der Niederlande kein signifikanter Anstieg der Werte zu verzeichnen sei. Der durchschnittliche Wirkstoffgehalt liege seit Jahren bei 6–8 Prozent. Staatsanwälte haben im Jahr 2007 eine Tabelle mit in Deutschland üblichen THC-Werten veröffentlicht, auch hier mit wenig spektakulären Ergebnissen. Proben mit über 11 Prozent THC werden als »sehr gute Qualität« bezeichnet.

Uns ist keine offizielle Bestätigung der These bekannt, dass Marihuana in Deutschland in den letzten Jahren deutlich stärker geworden ist. Und selbst wenn der THC-Gehalt moderat angestiegen ist, gehören die dramatischen Steigerungen, die in den Medien immer wieder genannt werden, auf jeden Fall ins Reich der Legenden und sind ein weiteres Beispiel dafür, wie Berichterstattung über Cannabis funktioniert.

Auch die Experten, die als Interviewpartner zu den Auswirkungen des Cannabiskonsums befragt werden, werden von den Medien nach solchen Gesichtspunkten ausgesucht: Wer etwas Dramatisches zu sagen hat, kommt vor die Kamera, eine differenzierte Darstellung ist zu unspektakulär. So ist zum Beispiel Professor Rainer Thomasius vom Hamburger Universitätsklinikum Eppendorf in den letzten Jahren geradezu zu einem Stern am Medienhimmel geworden. Thomasius ist ein Psychiater, der in seinem beruflichen Alltag in einer Einrichtung für psychiatrisch auffällige Jugendliche nur mit jenen jungen Drogenkonsumenten zu tun hat, die erhebliche psychische Störungen aufweisen. So verengt sich sein Fokus natürlich auf Extremfälle, die er verallgemeinert. So tragisch und leidvoll diese Schicksale auch sein mögen, können sie keine Grundlage für allgemeine Aussagen über Cannabis und seine Konsumenten sein, wie sie von Professor Thomasius immer wieder zu vernehmen sind. Darüber hinaus geht Thomasius so weit zu behaupten, Cannabis könne eine körperliche Abhängigkeit erzeugen, die vergleichbar sei mit der von Heroin oder Alkohol, was unter Wissenschaftlern nur ein ungläubiges Kopfschütteln hervorruft. In einem Artikel der *Welt am Sonntag* vom 28.08.2005 über die mögliche Anwendung von Cannabis gegen Migräne war denn auch zu lesen:

... Psychiatrieprofessor Rainer Thomasius, Leiter der Drogenambulanz am Hamburger Universitätsklinikum, sorgt sich, dass durch positive Meldungen über Cannabis und andere Rauschmittel diese erst richtig hoffähig gemacht, ihre gefährlichen Wirkungen weiter bagatellisiert werden könnten.

Im Umkehrschluss arbeitet der Professor daran, ein möglichst negatives Bild von Cannabis zu zeichnen, was von den Medien gerne aufgegriffen wird. Andere Wissenschaftler wie der renommierte Professor Kleiber aus Berlin, der seit vielen Jahren das Phänomen Cannabiskonsum umfassend erforscht und zu wesentlich objektiveren Ergebnissen kommt, finden neben Thomasius & Co. kaum Gehör in den Medien.
Kein Wunder also, dass Medien oft ein sehr einseitiges Bild von Cannabis transportieren, dass der durchschnittli-

che Leser, der sich nicht aus anderen Quellen intensiv über Cannabis informiert, geradezu Angst vor Cannabis hat und dass Eltern sich um ihre Kinder sorgen.

Vermutlich wird sich diese Art der sensationsheischenden Horrormeldungen über Cannabis in ein paar Jahren abgenutzt haben. Dann kommt vielleicht wieder eine Welle von flippigen Berichten über die coole Kifferszene, um einen neuen Reiz bei den Konsumenten der Nachrichten zu setzen. Leider wird auch das von einer differenzierten Darstellung über die Auswirkungen des Cannabiskonsums weit entfernt sein.

Zwischen Bierzelt und Wohngemeinschaft

Die Stimmung in der Bevölkerung in Bezug auf Cannabis und auf die Frage der Legalisierung ist stark von Medien beeinflusst. Dementsprechend hat die öffentliche Meinung nach unserer Einschätzung gleichzeitig mit der hanfkritischen Medienwelle der letzten Jahre eine Wende vollzogen. Immer wieder stellen wir fest, dass die Leute verunsichert sind und Cannabis nun häufig für eine doch recht gefährliche Droge halten, auch wenn sie noch vor wenigen Jahren anderer Meinung waren. Vor allem die Vorstellung, Cannabis sei heutzutage viel gefährlicher als früher, hat sogar viele ehemalige Konsumenten umgestimmt, die früher für eine Legalisierung waren. Natürlich bedeutet das keinen Rückfall der Bevölkerung in die Cannabis-Steinzeit der 70er Jahre. Noch immer gibt es viel mehr Leute, die einigermaßen über Cannabis Bescheid wissen und dem Stoff entspannter gegenüberstehen als damals. Im Vergleich zur Stimmung um die Jahrtausendwende ist aber eine deutliche Verunsicherung bzw. eine kritischere Einstellung gegenüber Cannabis spürbar.

Harte Zahlen über die Stimmung der Deutschen zu Cannabis zu finden ist sehr schwierig. Es gibt zwar Untersuchungen zu allen möglichen Aspekten des Cannabiskonsums, es werden zum Beispiel regelmäßig Jugendliche befragt, ob sie Cannabis konsumieren, wann sie damit angefangen haben, aus welchen Gründen sie konsumieren etc., aber ihre allgemeine Einschätzung zu Cannabis oder ihre Meinung zur Frage der Legalisierung interessiert die Forscher in der Regel nicht.

Die letzte uns bekannte Umfrage zum Thema Legalisierung wurde 2002, also noch vor dem beschriebenen Meinungsumschwung in Öffentlichkeit und Medien, vom Meinungsforschungsinstitut EMNID durchgeführt und im *Spiegel* veröffentlicht. Es stellte sich heraus, dass erstmals nur noch eine Minderheit, ca. ein Drittel der Befragten, dafür war, die Verfolgung von Cannabiskonsumenten wie gehabt fortzusetzen. 36 Prozent waren dafür, Cannabisbesitz zu einer Ordnungswidrigkeit herabzustufen und nur noch mit einem einfachen Bußgeld zu ahnden, weitere 26 Prozent stimmten für eine vollständige Legalisierung oder zumindest für eine vollständige Abschaffung der Strafverfolgung für Konsumenten. Es ist zwar spürbar, dass die Stimmung seit 2002 wieder etwas hanfkritischer geworden ist, aber solche Trends sind starken Schwankungen unterworfen. Im Verlauf der letzten Jahrzehnte ist jedenfalls zu beobachten, dass die Zustimmung für eine liberalere Cannabispolitik langsam, aber stetig steigt. Eine entsprechende Umfrage ergab noch 1990, dass nur 25 Prozent der Befragten für eine Liberalisierung waren. Im Vergleich zur oben beschriebenen Umfrage ist also im Verlauf von zehn Jahren eine deutliche Abnahme der Befürworter des Cannabisverbots zu erkennen. Das liegt sicherlich vor allem daran, dass Menschen mit Konsumerfahrung eher für eine Entschärfung des Strafrechts sind, da sie Cannabis als weniger gefährlich wahrnehmen als die Gesamtbevölkerung. Ältere Generationen, die keine Konsumerfahrung haben und das Verbot von Cannabis sinnvoll finden, sterben langsam aus, während angesichts der heutigen Verbreitung des Cannabiskonsums noch etliche Jahrzehnte lang junge Generationen nachwachsen werden, die Cannabis zumindest einmal ausprobiert haben.

Zur Frage der Gefährlichkeit von Cannabis kam EMNID bei einer Befragung in 2001 zu dem Ergebnis, dass ca. die Hälfte der Befragten der Meinung war, Cannabis sei schädlicher als Alkohol, mache abhängig, sei eine Einstiegsdroge und schädlich für die berufliche Motivation.

Trotz dieser immer noch sehr kritischen Einstellung waren viele Befragte offensichtlich der Meinung, dass das Verbot von Cannabis keine geeignete Strategie sei.

Die Befragungen haben starke Unterschiede in verschiedenen Gruppen ergeben. Wenig überraschend war, dass jüngere Altersgruppen, die wesentlich häufiger Konsumerfahrung haben, gegenüber Cannabis und Legalisierung positiver eingestellt sind. Außerdem kamen eher Männer als Frauen zu diesem Ergebnis, eher Menschen in Großstädten als auf dem Land und eher Menschen mit Abitur als mit Hauptschulabschluss. Ebenfalls wenig überraschend war, dass Anhänger der Grünen cannabisfreundlicher gestimmt waren als CDU-Wähler.

Wichtig für die Meinung zu Cannabis ist natürlich auch, welche persönlichen Erfahrungen mit Cannabiskonsumenten gemacht wurden. Eltern, deren Kinder im Zusammenhang mit intensivem Cannabiskonsum Schwierigkeiten in der Schule bekommen, oder Lehrer, die Probleme mit bekifften Schülern haben, sind skeptischer als Freunde von gelegentlichen Konsumenten ohne cannabisbezogene Probleme.

Insgesamt ist die Stimmung in der Bevölkerung liberaler als bei den politischen Parteien.

Die Position von Parteien und Regierung

Die großen Volksparteien CDU, CSU und SPD können als cannabisfeindlich bezeichnet werden. Ähnlich wie die Medien stellen sie Cannabiskonsum praktisch ausschließlich negativ dar und wollen die Gesetzgebung eher verschärfen. Gerade in den Jahren 2006 und 2007 haben etliche Bundesländer die geringe Menge Cannabis, bis zu der Strafverfahren gegen Cannabiskonsumenten eingestellt werden sollen, von Werten zwischen zehn und dreißig Gramm auf 6 Gramm reduziert, was dazu führen wird, dass erheblich mehr Konsumenten verurteilt werden.

Entsprechend verhält sich die Regierung der großen Koalition. Cannabiskonsum wird ausschließlich negativ und als zu bekämpfendes Übel dargestellt. Auf der Homepage der Bundesdrogenbeauftragten werden ausschließlich Informationen bereitgestellt, die die Gefährlichkeit des Konsums betonen. So ist dort ein Hinweis auf die Studie »Cannabisbezogene Störungen: Umfang, Behandlungsbedarf und Behandlungsangebot in Deutschland« zu finden. Die letzte große Untersuchung zu den Auswirkungen des Cannabiskonsums von 1997, die vom Bundesgesundheitsministerium in Auftrag gegeben und von Professor Kleiber an der FU Berlin erarbeitet wurde, findet dagegen keine Erwähnung. Offensichtlich weil sie die von der Regierung vertretene repressive Cannabispolitik nicht in gewünschtem Maße stützt. Diese Studie war der Regierung scheinbar ein Dorn im Auge, sodass sie eine Nachfolgestudie bei dem unter Wissenschaftlern umstrittenen Professor Thomasius in Auftrag gab, einem ausgewiesenen Cannabisgegner.

Die alte rot-grüne Bundesregierung hatte 1999 eine »Drogen- und Suchtkommission« eingerichtet, bestehend aus hoch qualifizierten Professoren, die »Eckpunkte für ein effektives und glaubwürdiges Präventionskonzept im Drogen- und Suchtbereich« erarbeiten sollte.

Diese Kommission kam 2002 zu dem Ergebnis, dass bestimmte Formen des Konsums psychoaktiver Substanzen durchaus mit physischer, psychischer und sozialer Gesundheit vereinbar sind (...); Drogenkonsum nicht nur destruktive, sondern auch persönlichkeitsfördernde (...) Komponenten haben kann (...) und Drogenkonsum die Gesellschaftsfähigkeit und Gesundheit der Konsumenten nicht per se unterminiert. Deshalb wird in dieser Stellungnahme auch ausdrücklich eine differenzierte Sichtweise angemahnt, die für jeden Umgang mit (...) psychoaktiven Substanzen zwischen Gebrauch, Missbrauch und Abhängigkeit unterscheidet. (...) In dieser Wahrnehmung gilt Drogenkonsum nicht mehr als etwas grundsätzlich zu Überwindendes. Vielmehr gilt es, für den sozial integrierten Drogengebrauch gezielt Kompetenzen zu entwickeln (...). Für die Gesetzgebung im Zusammenhang mit illegalen und legalen Drogen bedeutet dies, dass keine Überzogenen Erwartungen an (neue) Gesetze zu stellen sind. Vielmehr ist besonderes Augenmerk auf mögliche schädliche Nebenwirkungen solcher Gesetze (z. B. Stigmatisierung bestimmter Personengruppen, negative Effekte durch Inhaftierungen etc.) zu richten. Zudem sollten Gesetze regelmäßig evaluiert und daraufhin überprüft werden, ob die in sie gesetzten Erwartungen auch tatsächlich erfüllt worden sind. Sollte die (unabhängige) Evaluation zu dem Ergebnis kommen, dass dies nicht der Fall ist, dann sind die Gesetze abzuschaffen, im Ausnahmefall auch zu ändern.

Auf diese Stellungnahme wies die damalige Drogenbeauftragte Marion Caspers-Merk zunächst in einer Pressemitteilung hin. Erstaunlicherweise lautete der Titel dieser Pressemitteilung: »Politik der Bundesregierung sieht sich durch das Votum der Drogen- und Suchtkommission bestätigt«. Es wurde darauf hingewiesen, dass die Kommission gewisse Komponenten der Suchtprävention der Regierung für sinnvoll hielt, oben genannte Empfehlungen wurden aber verschwiegen. Die Stellungnahme der Kommission war Caspers-Merk dann aber wohl so unangenehm, dass sie jeden Hinweis von ihrer Homepage verbannte und die Nummerierung ihrer Pressemitteilungen in diesem Jahr entfernen ließ, damit das Fehlen der entsprechenden Meldung nicht auffiel. Die Drogen- und Suchtkommission wurde im Folgenden nicht mehr einberufen und 2004 durch einen »Drogen- und Suchtrat« ersetzt, der mit Vertretern aus Bundes- und Landesministerien, Dachverbänden und Ärztekammern regierungskonform besetzt wurde. Das neue Gremium hat nicht mehr die Aufgabe, wissenschaftliche Stellungnahmen zur Drogenpolitik abzugeben, sondern es soll die Umsetzung des »Aktionsplanes Drogen und Sucht« der Bundesregierung »begleiten«. Die einzige Empfehlung des Rates bezüglich Cannabis lautet nun: »Die Quote von 12- bis 25-jährigen Cannabis-Probierern soll von gut 31 Prozent im Jahr 2004 auf unter 28 Prozent zurückgehen.« Auf diese Weise wurde sichergestellt, dass vom Expertenrat der Bundesregierung zu Drogenfragen keine regierungskritischen Stellungnahmen mehr zu erwarten sind.

Die Haltung der derzeitigen Bundesdrogenbeauftragten Sabine Bätzing in Bezug auf Cannabis ist umso erstaunlicher, weil sie beim Thema Alkohol offensichtlich verstanden hat, dass das Ziel der Politik nicht eine abstinente Gesellschaft, sondern ein vernünftiger Umgang mit Genussmitteln sein sollte. Unter der Überschrift »Ansprechen statt schweigen – Verantwortlicher und maßvoller Alkoholkonsum ist das Ziel« formulierte sie 2007 das Ziel eines kontrollierten Alkoholkonsums. Wenn die Rede aber von Cannabis ist, vergisst die Drogenbeauftragte diese Idee wieder und fordert totale Abstinenz, obwohl die jahrzehntelange Repression den Cannabiskonsum nicht bremsen konnte.

Totale Abstinenz auf Kosten der Gesundheit der Konsumenten, dazu ein Beispiel: Während des gesamten Jahres 2007 hat sich der Deutsche Hanf Verband (DHV) bemüht, die Verantwortlichen auf das Problem aufmerksam zu machen, dass massenhaft gefährlich gestrecktes Marihuana auf dem Schwarzmarkt aufgetaucht ist. Der DHV hat darum gebeten, entsprechende Möglichkeiten zur Analyse von verdächtigen Proben zu schaffen, die gesundheitlichen Gefahren der Streckstoffe genauer zu analysieren und darüber nachzudenken, ob der legale Anbau weniger Pflanzen zum Eigenverbrauch nicht eine sinnvolle Alternative zum Schwarzmarkt sein könnte. Bätzing nahm das Problem kaum zur Kenntnis und beharrte darauf, dass Cannabis ohnehin gefährlich sei und eben nicht konsumiert werden sollte. Deshalb wurde das Thema nie in einer Pressemitteilung thematisiert, um potenzielle Konsumenten zu warnen. Nicht zuletzt auf diese Politik ist es zurückzuführen, dass im November 2007 in Leipzig über hundert Menschen nach dem Konsum von Marihuana, das mit Blei gestreckt war, mit schweren Vergiftungen in Krankenhäusern behandelt werden mussten.

Im krassen Gegensatz dazu lassen sich Politiker von SPD und CDU/CSU gerne bei Weinfesten oder beim Fassanstich auf dem Oktoberfest sehen und setzen sich für das deutsche Reinheitsgebot für Bier ein. Eine paradoxe Haltung, die für Cannabiskonsumenten ignorant erscheint.

Bei den kleineren Parteien, die sich derzeit die Oppositionsbank teilen, sieht die Lage anders aus.

Die Grünen sind traditionell die Partei der Cannabislegalisierung. Praktisch seit Bestehen der Partei stehen entsprechende Forderungen in den Wahlprogrammen, und es gab immer wieder Initiativen in diese Richtung, auch wenn die Grünen das Thema nicht allzu energisch verfolgen.

Ähnlich sieht es bei der Linkspartei aus. Auch hier wird hin und wieder die Cannabislegalisierung gefordert. Ob sich diese Meinung in der Partei festigt und in Zukunft aktiver vertreten wird, bleibt abzuwarten.

Die Landesverbände der FDP sind zu dem Thema unterschiedlicher Meinung; von der Forderung nach Legalisierung bis hin zu Strafverschärfungen ist alles dabei. Unter dem Strich würde die FDP vermutlich eine gewisse Entkriminalisierung der Konsumenten mitmachen, allein schon, um den gewaltigen bürokratischen Aufwand bei der Strafverfolgung zu verringern.

Was sagen die Experten?

Man kann nicht gerade behaupten, dass sich alle, die sich für Cannabisexperten halten oder dafür gehalten werden, in ihrer Einschätzung einig sind. Aber zumindest kann das, was wir im Kapitel »Wirkungen, Nebenwirkungen und Risiken« zusammengetragen haben, als derzeitiger Stand der Wissenschaft angesehen werden. Natürlich gibt es auch Experten, deren Meinung in die eine oder andere Richtung davon abweicht. Allerdings gehört Cannabis zu den am besten erforschten Substanzen, und der Trend der Einschätzungen ist relativ eindeutig.

Es gab in den letzten Jahren zwei große Untersuchungen, die den Versuch unternommen haben, die Gefährlichkeit der verschiedenen Drogen zu klassifizieren und eine Rangliste der Gefährdung aufzustellen.

1998 veröffentlichte der französische Forscher Bernhard Roques vom dortigen »Nationalen Institut für Gesundheit und medizinische Forschung« seine Untersuchung »Probleme durch das Gefahrenpotenzial von Drogen«. Er begutachtete die verschiedenen Drogen nach den Kategorien »körperliche und psychische Abhängigkeit«, »Nervengiftigkeit«, »allgemeine Giftigkeit«, »sozial Gefährlichkeit« und »Behandlungsmöglichkeiten«. Im Ergebnis nannte er als Substanzen mit sehr hohem Gefahrenpotenzial Opioide wie Heroin, Alkohol und Kokain, als Substanzen mit mittlerem Gefahrenpotenzial Ecstasy, Amphetamine, Benzodiazepin und Tabak und als einzige Substanz mit geringem Gefahrenpotenzial Cannabis.

Zu einem ähnlichen Ergebnis kam 1997 eine Gruppe von Forschern um den Pharmakologen David Nutt von der Universität von Bristol. 40 britische Psychiater, Epidemologen, Chemiker und Forensiker beurteilten den Gebrauch diverser Substanzen nach neun verschiedenen Gefahrenkriterien wie »körperliche Schäden«, die »Stärke des Abhängigkeitspotenzials«, »Folgen für das soziale Umfeld« oder »öffentliche Gesundheitskosten«. Die Rangliste der Gefährlichkeit wurde in diesem Fall von Heroin und Kokain angeführt, Alkohol folgte auf Platz 5, Tabak auf Platz 9 und Cannabis auf Platz 11. Noch weiter hinten folgten in dem Fall übrigens LSD und Ecstasy. Diese Kategorisierung unterschied sich drastisch von den behördlichen britischen Klassifikationen, die den Besitz von Cannabis unter Strafe stellen. Nutt erklärte dazu: »Dass der Konsum von Alkohol und Nikotin legalisiert ist, erscheint aus wissenschaftlicher Sicht vollkommen beliebig.«

Natürlich gibt es auch heute noch etliche Experten, welche die Risiken des Cannabiskonsums betonen. Sie kommen insbesondere aus Disziplinen wie der Psychiatrie oder der Lungenheilkunde und befassen sich weniger mit dem gesamten Phänomen des Cannabiskonsums als vielmehr mit relativ seltenen, aber teilweise massiven negativen Auswirkungen.

Davon abgesehen kommen Mediziner und Soziologen überwiegend zu dem Ergebnis, dass die Gefährlichkeit von Cannabis nicht so dramatisch ist, wie es die rechtliche Einordnung als illegales »Betäubungsmittel« vermuten lässt.

In der Frage, ob das Verbot von Cannabis sinnvoll ist oder nicht, sind sich die Vertreter verschiedener Fachdisziplinen noch weniger einig. Es gibt zwar viele Mediziner, Kriminologen und Wirtschaftswissenschaftler, die der Meinung sind, dass das Verbot von Cannabis nicht mehr zeitgemäß ist, aber auch andere Ansichten sind zahlreich vertreten.

7. Cannabis weltweit

In der Diskussion um den juristischen Status von Cannabis in Deutschland wird oft darauf verwiesen, dass die Regierung durch internationale Verträge gebunden sei und eine Legalisierung schon deshalb nicht in Frage komme. Aber auch Legalisierungsbefürworter ziehen gern die Situation anderer Länder heran, um vermeintliche Fehlentwicklungen der deutschen Drogenpolitik aufzuzeigen.

In diesem Kapitel wird deshalb die Situation der Cannabiskonsumenten und der Drogenpolitik aus einem globaleren Blickpunkt betrachtet. Es beschäftigt sich mit dem Einfluss der UNO und der EU auf die deutsche Cannabispolitik. Anhand verschiedener Länder der Welt werden darüber hinaus unterschiedliche Ansätze im Umgang mit Drogen und ihren Konsumenten beschrieben und die sich daraus ergebenden Probleme beleuchtet.

Der Weltdrogenreport 2007 weist Cannabis als die mit Abstand meistgenutzte illegale Droge aus. Rund 160 Millionen Menschen oder 3,8 Prozent der Weltbevölkerung zwischen 15 und 64 konsumieren es, trotz des seit vielen Jahren geltenden Verbots.

Die höchste Verbreitung hat der Konsum von Cannabis in Ozeanien (Indonesien, Australien, Neuseeland und Pazifikinseln). Dort konsumiert jeder Sechste (15,8 Prozent) mindestens einmal im Jahr Cannabis. Am kleinsten ist der Anteil der Cannabiskonsumenten mit nur 1,9 Prozent in

Asien. Allerdings vermutet selbst die UNO, dass dieser extrem niedrige Wert eher den Wunsch der Regierungen als die Wirklichkeit abbildet. Viele asiatische Länder verfügen schlicht nicht über die Infrastruktur, die für die Erhebung verlässlicher Daten nötig ist.

In den letzten Jahren scheint die Verbreitung des Cannabiskonsums in Ozeanien zu sinken, in den »westlichen Industrienationen« zu stagnieren und in Südamerika, Afrika und Asien zu wachsen. Die UNO räumt im Weltdrogenbericht jedoch ein, dass dies in weiten Teilen auf Veränderungen in der nationalen Kontrolle zurückzuführen ist. Wo mehr kontrolliert wird, steigen immer auch die gemeldeten Nutzerzahlen. Eine Aussage über den tatsächlichen Konsumtrend lassen diese Zahlen kaum zu.

Cannabis wird mit weltweit mindestens 530.000 Hektar (ha) auf einer größeren Fläche angebaut als alle anderen Drogenpflanzen zusammen (Koka 159.000 ha, Mohn 151.000 ha). In den Jahren 1995 bis 2005 wurden in 146 verschiedenen Mitgliedsstaaten der UNO illegal angebaute Cannabispflanzen beschlagnahmt. In mindestens 134 Ländern wird Cannabis für den illegalen Export produziert. Allein in den USA wurden von der Polizei im Jahr 2006 rund 4,5 Millionen Cannabispflanzen vernichtet, ohne dass dies zu einer messbaren Reduzierung des Angebotes geführt hätte.

Im Jahr 2005 wurden weltweit geschätzte 6600 Tonnen Haschisch hergestellt, vor allem in Nordafrika, dem Mittleren Osten und Südwestasien. Allein in Marokko wächst auf mindestens 75.000 ha Cannabis für die Haschischproduktion. 2005 verkaufte das Land mehr als 1000 Tonnen des trotz seiner Illegalität wichtigen Exportguts.

Die wichtigsten Anbaugebiete für Marihuana sind Afrika, Nordamerika, Mittel- und Südamerika und Asien mit jeweils knapp einem Viertel der Weltproduktion von mindestens 42.000 Tonnen.

Europa hat an der Weltcannabisproduktion nur einen bescheidenen Anteil von 5 Prozent oder 2100 Tonnen, holt aber dank der zunehmenden Verbreitung von Indoor-Plantagen langsam auf. Dennoch wird Europa in den kommenden Jahren einer der wichtigsten Importmärkte für Cannabis bleiben. Rund 70 Prozent der weltweit produzierten Haschischmenge werden von europäischen Konsumenten verbraucht.

Durch seine hohe Verbreitung ist Cannabis die Droge, die zu den meisten Polizeieinsätzen und Beschlagnahmungen führt. In nahezu allen UNO-Mitgliedsstaaten gibt es polizeiliche Maßnahmen gegen Cannabiskonsumenten und -händler. Im Jahr 2005 wurde weltweit bei mindestens 856.000 »erfolgreichen« Polizeiaktionen Cannabis mit einem Gesamtgewicht von knapp 6000 Tonnen beschlagnahmt.

Die UNO und der Krieg gegen Drogen

Bereits kurz nach Gründung der Vereinten Nationen entstand unter ihrem Dach im Jahr 1946 mit der »Commission on Narcotic Drugs« (Kommision für Betäubungsmittel) eine Behörde, deren Aufgabe die Kontrolle des weltweiten Umgangs mit Drogen war. Mit der Berufung des US-amerikanischen Marihuanajägers Harry J. Anslinger zu ihrem Leiter war die Objektivität dieser auf dem Papier um die Linderung des von Drogen ausgehenden Elends bemühten Organisation von Beginn an mehr Wunsch als Wirklichkeit.

Offensichtlich wurde die freiwillige Einengung der UN-Drogenpolitik auf das amerikanische Prohibitionsverständnis im Jahr 1961 durch die Verabschiedung der »Single Convention on Narcotic Drugs«. In diesem Vertrag verpflichten sich die Unterzeichnerstaaten, die Nutzung der in einer Liste aufgeführten Suchtstoffe auf die medizinische und wissenschaftliche Verwendung zu beschränken und darüber hinausgehenden Gebrauch zu bekämpfen. Obwohl die Single Convention inzwischen um hunderte Substanzen und Organismen erweitert werden musste und ihre Erfolge höchst umstritten sind, gibt es kaum ernsthafte Bemühungen, sie durch ein zeitgemäßes Vertragswerk zu ersetzen.

Auf Druck der USA wurde die Nutzung von Cannabis als Rauschmittel in den 60er Jahren nahezu weltweit verboten. Heute gibt es kein Mitgliedsland der UNO mehr, in dem der Cannabismarkt nicht durch Strafgesetze geregelt wird. Dies hat zu einer immer stärkeren Verknüpfung der verbotenen Droge mit kriminellen Organisationen geführt, was wiederum als Grund für eine noch intensivere Bekämpfung des Drogenkonsums dient.

1972 prägte der damalige Präsident der USA, Richard Nixon, für diese Entwicklung den Begriff »War on Drugs«. Mit der Erklärung, man befinde sich im »Krieg gegen Drogen«, wurden seitdem immer wieder umstrittene Maßnahmen bei der Bekämpfung der Drogenkriminalität gerechtfertigt.

Die meisten Opfer im internationalen Krieg gegen Drogen müssen die Drogen produzierenden ärmeren Länder beklagen. So wurden in Südamerika bei dem Versuch, Kokapflanzungen aus der Luft mit Sprühflugzeugen zu bekämpfen, Menschen und Tiere mit Unkrautvernichtungsmitteln vergiftet. Als Reaktion auf das gestiegene Risiko, ihre illegale Ernte zu verlieren, stiegen die Bauern jedoch nicht auf legale Feldfrüchte um. Stattdessen wurden neue Kokafelder angelegt. Trotz der investierten Gelder, allein in Kolumbien wurden von 1999 bis 2005 mehr als 5 Milliarden Dollar »versprüht«, wuchs die Anbaufläche erheblich.

Auch in Europa und Nordamerika trifft der staatliche Drogenkrieg mehrheitlich Konsumenten und Kleinsthändler. Selten gelingt es den Strafverfolgungsbehörden, »große Fische« zu fangen. Auf das Drogenangebot haben die vielfältigen Repressionsmaßnahmen deshalb kaum Einfluss. Dies gilt sogar für Länder wie China, in denen für den Handel mit Cannabis die Todesstrafe droht.

Die Drogennachfrage zeigt sich weitgehend unbeeindruckt von Polizei und Staatsanwaltschaft. Dabei wird in vielen Ländern im Unterschied zu Deutschland auch der bloße Konsum von Cannabis bestraft. Dennoch konnte in den mehr als 40 Jahren Drogenverbot auch dort keine Reduzierung des Betäubungsmittelgebrauchs erreicht werden.

Im Zuge einer grundlegenden Umstrukturierung der UNO wurde im Jahr 1997 das UNODC gegründet. Das »United Nations Office on Drugs and Crime« (Büro der Vereinten Nationen für Drogen und Kriminalität), heute der Welt wichtigste Drogenbehörde, hat seinen Sitz in Wien. Es versucht den weltweiten Kampf gegen Herstellung, Vertrieb und Konsum von gefährlichen Betäubungsmitteln zu koordinieren und kontrolliert die Einhaltung der internationalen Drogenverträge.

Bereits der Name des UNODC gibt einen Hinweis darauf, dass seine Tätigkeit nicht primär der Vermeidung von Gesundheitsrisiken dient. Nicht umsonst sind die Bekämpfung der organisierten Kriminalität und des Terrorismus ebenfalls Aufgaben der Institution. Wer die Erklärungen der »Weltdrogenbehörde« aufmerksam liest, wird feststellen, dass ihre Politik sich fast ausschließlich auf Abstinenzforderungen reduziert. So ist nach Lesart der UNODC ein kontrollierter Gebrauch (use) von Drogen schlechthin nicht möglich und ihre Nutzung immer Missbrauch (abuse).

Die UNODC geht sogar so weit, das Engagement einzelner Staaten öffentlich zu rügen, die sich um eine Minimierung der Konsumrisiken (Harm Reduction) bemühen. Sie sieht in der Vergabe steriler Spritzen an Heroinkonsumenten oder im Testen von Drogen auf Verunreinigungen (Drug Checking) eine Verharmlosung der Gefahren des Konsums.

Besonders deutlich wird die selbst von Experten als einseitig kritisierte Drogenpolitik der UNO am Beispiel des 1998 von der Vollversammlung der Vereinten Nationen beschlossenen 10-Jahres-Plans gegen Drogenkriminalität. Darin verpflichteten sich die Mitgliedsstaaten der UNO, »erhebliche Anstrengungen« zu unternehmen, um bis zum Jahr 2008 die Cannabis-, Koka- und Schlafmohnpflanze auszurotten und so den Drogenmärkten den Nachschub zu entziehen.

Schon bei der Beratung des Plans wurde kritisiert, dass er undurchführbar sei. An eine Reduzierung des Drogenangebotes glaubte niemand ernsthaft. Trotzdem wurden in den Folgejahren mehrere hundert Milliarden Euro in dieses fragwürdige Ansinnen gepumpt. Deshalb erwartet niemand, dass bei der Konferenz, die anlässlich des Endes der zehnjährigen Vernichtungsfrist im März 2008 in Wien stattfindet, offen über Erfolg oder Scheitern der Verbotsstrategie diskutiert wird.

Europäische Drogenpolitik und die EU

Die drogenpolitisch wichtigste Organisation in Europa ist das »European Monitoring Centre for Drugs and Drug Addiction« (EMCDDA). Die 1993 gegründete Beobachtungsstelle für Drogen und Drogenabhängigkeit hat ihren Sitz in Lissabon und dokumentiert die Drogensituation in Europa. Die Informationserfassung innerhalb der europäischen Union ist inzwischen so gut, dass weltweit keine höhere Datendichte zum Konsum illegaler Rauschmittel vorliegt.

Nach Schätzungen des Drogenberichts der EMCDDA für das Jahr 2007 haben rund 70 Millionen Europäer wenigstens einmal im Leben Cannabis konsumiert. Das entspricht 22 Prozent der Bevölkerung zwischen 15 und 64. Im vergangenen Jahr kifften sieben Prozent der Europäer bzw. 23 Millionen. Zu den Gewohnheits- oder Dauerkonsumenten zählen 13,4 Millionen Einwohner Europas (4 Prozent).

Die wichtigsten Cannabisanbauländer in Europa sind Albanien und die Niederlande. Je weiter nördlich man kommt, umso größer ist der Anteil des Anbaus von Cannabis unter Kunstlicht. Das so produzierte Marihuana ist im Mittel stärker als das auf offenem Feld gewachsene. Die wachsende Verbreitung von Indoor-Marihuana führte zum Mythos vom »genetisch manipulierten« Cannabis mit extrem hohen THC-Werten.

Eine nennenswerte Produktion von Haschisch gibt es in Europa nicht. Es werden jedoch gewaltige Mengen Haschisch aus Nordafrika und Asien importiert. Dies zeigt sich besonders am Beispiel Spanien, das mit Abstand die größten Sicherstellungsmengen meldet. Mehr als die Hälfte des weltweit beschlagnahmten Haschischs wird in Spanien gefunden.

Für ein Gramm Haschisch oder Marihuana bezahlen Europäer je nach Qualität zwischen vier und zehn Euro, Spitzensorten kosten bis zu 15 Euro pro Gramm. Der durchschnittliche THC-Gehalt des in Europa beschlagnahmten Haschisch schwankt je nach Land zwischen 2 und 17 Prozent, der des Marihuanas zwischen 1 und 15 Prozent.

Die 2005 an die EMCDDA gemeldeten Spitzenwerte stammen aus Belgien. Dort wurde Haschisch mit 33,9 Prozent und Marihuana mit 33,8 Prozent THC gefunden.

2006 wurde im Rahmen des Eurobarometers unter anderem gefragt, ob die Europäer mit der Feststellung einverstanden seien, »der Eigengebrauch von Cannabis sollte in ganz Europa legalisiert werden«. Etwas mehr als zwei Drittel (68 Prozent) der Befragten sprachen sich dagegen aus, während etwa ein Viertel (26 Prozent) diesem Standpunkt zustimmte. Eine Mehrheit der Einwohner Europas ist demnach dafür, an der Verbotspolitik festzuhalten.

Über die EMCDDA hinaus existiert in der EU keine gemeinsame Drogenpolitik. Die zuständigen Minister treffen sich jedoch regelmäßig, um sich über die Bemühungen im Kampf gegen Drogen zu informieren. Grundlage ihrer Bemühungen ist ein Vertrag, in dem sich die Mitgliedsstaaten der EU verpflichten, den internationalen Vereinbarungen zu entsprechen und missbräuchlichen Drogenkonsum durch gesetzliche Regeln einzuschränken. Deutschland und Frankreich hätten gerne strengere Vorgaben. Sie scheiterten jedoch mit dem Versuch, verbindliche Mindeststrafen zu vereinbaren, an einer Staatengruppe, die von den Niederlanden angeführt wurde.

In den europäischen Demokratien wird Politik nicht nur von nationalen Regierungen betrieben. Politische Entscheidungen sind vielmehr ein Abbild der Macht der Lobbygruppen und Interessenverbände. Auch in der Drogenpolitik gibt es solche Organisationen, die mit mehr oder weniger offener Einmischung in die politischen Prozesse versuchen, auf die Entwicklung der EU Einfluss zu nehmen.

Die Wichtigste dieser außerparlamentarischen Organisationen ist ECAD. »European Cities Against Drugs« (Europäische Städte gegen Drogen) ist ein Zusammenschluss von Städten aus 27 europäischen Ländern. Er entstand in Skandinavien und ist eine Reaktion auf die fehlende gemeinsame Drogenpolitik der EU.

Die ECAD steht für eine besonders restriktive Drogenpolitik und will, dass Europa sein gewaltiges finanzielles und politisches Gewicht nutzt, um im weltweiten Kampf gegen

Drogen eine Vorreiterrolle einzunehmen. Sie spricht sich gegen jede Trennung zwischen harten und weichen Drogen aus und fordert ein Ende der Heroinvergabe an Schwerstabhängige. Ihrem Ziel eines drogenfreien Europas will sie unter anderem durch ein einheitliches Verbot des Konsums, mehr Rechte für die Polizei und strengere Gesetze näher kommen.

Auch die Verfechter der Cannabislegalisierung und einer allgemeinen Liberalisierung in der Drogenpolitik haben sich auf europäischer Ebene organisiert. Im Gegensatz zur ECAD hat deren Organisation ENCOD jedoch kein nennenswertes finanzielles oder politisches Gewicht.

Die »European Coalition for Just and Effective Drug Policies« (Europäische Koalition für eine gerechte und effektive Drogenpolitik) erklärt die bisherigen Bemühungen der EU, Elend im Zusammenhang mit Drogen zu verhindern, für gescheitert und hofft durch die Einflussnahme auf das europäische Parlament und nationale Regierungen ein Ende des Kriegs gegen Drogen zu erreichen.

Obwohl Kritiker bereits jetzt die unzureichende parlamentarische Kontrolle der von Lobbygruppen gesteuerten europäischen Drogenpolitik anprangern, hat die EU beschlossen, in Zukunft noch enger mit Nichtregierungsorganisationen (NGOs) zusammenzuarbeiten. Auch in der Frage nach der Legalisierung von Cannabis will sie sich regelmäßig von NGOs beraten lassen. Die EU sieht darin eine Chance, quasi über die Hintertür mehr Einfluss auf die Drogenpolitik der Einzelstaaten zu gewinnen, da diese sich einem Abbau der nationalen Zuständigkeiten in diesem Bereich weiter verweigern.

USA – zwischen DEA und Medical Marijuana

In kaum einem Land der Erde stehen die unterschiedlichen Strömungen in der Drogenpolitik in so offenem Konflikt wie in den Vereinigten Staaten von Amerika. Im Mutterland der Prohibition wird der Streit zwischen restriktiver und liberaler Drogenpolitik schon mehr als 40 Jahre geführt, ohne dass bisher klar wäre, welche Seite am Ende die Überhand gewinnen wird.

Die USA sind drogenpolitisch ein zerrissenes Land. Starken landesweit operierenden Behörden wie der »Drug Enforcement Agency« (Drogenvollstreckungsbehörde, DEA) stehen in allen Bundesstaaten aktive Legalisierungsorganisationen wie »Law Enforcements Against Prohibition« (Gesetzeshüter gegen die Prohibition, LEAP) gegenüber. Während die Bundesregierung der wichtigste Geldgeber im weltweiten Krieg gegen Drogen ist und zum Teil die komplette Drogenpolitik anderer Nationen finanziert, gibt es in vielen Bundesstaaten der USA intensive Bemühungen, Cannabis zu entkriminalisieren. Einerseits ist der Anbau von THC-armem Nutzhanf noch immer illegal und die US-Wirtschaft deshalb gezwungenermaßen zum größten Importeur von Hanffasern geworden, andererseits gestatten manche US-Staaten den Anbau von THC-reichem Cannabis für die Verwendung als Medizin.

Im Gegensatz zu Europa wird in den USA fast ausschließlich Marihuana konsumiert. Die Vereinigten Staaten und ihr Nachbar Mexiko sind die Länder mit dem größten Anteil an der Weltmarihuanaproduktion. Haschisch spielt in den USA kaum eine Rolle. So wurden im Jahr 2005 in Nordamerika fast 3000 Tonnen Marihuana, aber weniger als eine Tonne Haschisch beschlagnahmt.

Trotz der bestausgestatteten Polizei der Welt, des Engagements vieler weiterer Drogenverfolgungsbehörden und privater Prohibitionsorganisationen ist Drogenkonsum in den USA weit verbreitet.

Etwa jeder zehnte Nordamerikaner (10,7 Prozent) konsumierte 2005 nach Schätzungen der UNODC Cannabis. Nur sieben Prozent tun dies laut EMCDDA in Europa. Mit 31,5 Prozent ist der Anteil der 18-jährigen US-Jugendlichen, die wenigstens einmal im Jahr kiffen, mehr als doppelt so hoch wie in Deutschland (13,9 Prozent).

Dieses Missverhältnis zwischen politischem Nüchternheitsanspruch und vom Konsum breiter Bevölkerungsteile geprägter Wirklichkeit hat dazu geführt, dass die USA eine Nation der »Hanfgefangenen« geworden sind. Allein im Jahr 2004 gab es in den Vereinigten Staaten mehr als 770.000 Verhaftungen wegen des Besitzes von Cannabis. Von den rund 2,5 Millionen Gefangenen in US-Knästen sitzt ein Viertel wegen Drogendelikten.

Besonderen Anteil an dieser besorgniserregenden Entwicklung hatte die Regierungszeit Ronald Reagans. Als Reaktion auf die zaghaften Liberalisierungsbemühungen seines Vorgängers Jimmy Carter erklärte der 40. Präsident der USA den »New War on Drugs«. Während seiner Präsidentschaft 1981-89 verschärfte er mehrfach bestehende Drogengesetze und erweiterte die Befugnisse der DEA. Höhepunkt seines Feldzugs gegen Marihuana war die sogenannte »Three Strikes and you're out«-Regel, die festlegte, dass für das dritte Vergehen unabhängig von der Schwere der Tat lebenslange Haft verhängt wird. In der Folge landeten nicht wenige wegen eines Joints für immer hinter Gittern. Zwar wurde die Regelung zehn Jahre später unter Bill Clinton wieder abgeschafft, die damals Verurteilten sitzen aber oft noch heute in Haft.

Das wichtigste cannabispolitische Thema in den USA ist heute seine Verwendung als Medizin. Die Diskussion, die bereits 1972 begann, wird nicht nur zwischen klassischen

Cannabisbefürwortern und -gegnern geführt, sondern ist zum Paradebeispiel für den Konflikt zwischen den Einzelstaaten und der Regierung in Washington geworden.

Für die DEA und die Bundesregierung gehört Marihuana zu den Substanzen, die keine medizinische Wirkung, aber ein großes Missbrauchspotenzial haben, und ist in die am strengsten kontrollierte Klasse eingestuft. Anders als Kokain oder Morphium darf es deshalb laut Bundesgesetz weder verabreicht noch verschrieben oder von Ärzten empfohlen werden.

Einzig synthetisches THC wurde auf Druck der Pharmaindustrie in eine weniger streng regulierte Klasse aufgenommen. Für den Cannabishauptwirkstoff gibt es demnach anerkannte medizinische Anwendungen, und es besteht nur eine mäßige bis geringe Wahrscheinlichkeit der psychischen oder physischen Abhängigkeit.

Ähnlich der Situation in Deutschland beklagten sich die für eine Behandlung mit THC in Frage kommenden US-Patienten darüber, dass das unter dem Namen Marinol vertriebene Medikament weniger gut wirke als natürliches Cannabis und zudem um ein Vielfaches teurer sei. Daraufhin entstanden in vielen Bundesstaaten lokale Initiativen, die sich für eine Legalisierung der Verwendung von Cannabis als Medizin einsetzten. Besonders in Kalifornien und in den Staaten Neuenglands ging man noch weiter und gründete »Cannabis Buyers Clubs« (Cannabis Käufer Vereine), die den Anbau von medizinischem Cannabis für die Patienten übernahmen. In diesen Vertriebsstellen für medizinisches Marihuana sahen die Betroffenen und viele Kommunalpolitiker eine billige und sinnvolle Erweiterung des Angebots normaler Apotheken. Die Bundesbehörden betrachteten sie jedoch als kriminelle Organisationen, die mit gefährlichen Drogen handeln.

Um die Patienten, ihre Ärzte und die Produzenten medizinischen Marihuanas vor Strafverfolgung zu schützen, erließen seit 1996 mehr als ein Dutzend Staaten der USA Gesetze, die die ärztlich begleitete Vergabe von »Medical Marijuana« an Schwerstkranke entkriminalisieren. Keiner der Staaten hat Cannabis dabei wirklich legalisiert. Es wird lediglich in bestimmten Fällen von der Strafverfolgung abgesehen und gefundenes Cannabis nicht beschlagnahmt.

Die konkreten Regeln der Einzelstaaten unterscheiden sich hinsichtlich der zugelassenen Diagnosen und der gestatteten Mengen erheblich. Weil sie die Lebensqualität der Patienten heben und es den Strafverfolgern ermöglichen, sich auf die organisierte Drogenkriminalität zu konzentrieren, werden »Cannabis Buyers Clubs« inzwischen sogar von republikanischen Gouverneuren, wie dem in Kalifornien regierenden Arnold Schwarzenegger, öffentlich gegen Kritiker verteidigt.

Der DEA waren diese Landesregeln weitgehend egal, und sie ging weiter gegen Patienten vor. Als die Polizeichefs von immer mehr Gemeinden daraufhin die Zusammenarbeit mit den Bundesbehörden aufkündigten, wurde die Bundesregierung aktiv. Der konservative Supreme Court, das höchste Gericht der USA, beschloss am 14. Mai 2001, dass sich die Produzenten und Vertreiber von medizinischem Cannabis nicht auf den Schutz des Arzneimittelrechts berufen können. Dies tat er, obwohl sich eine Mehrheit von 73 Prozent der US-Amerikaner in repräsentativen Umfragen für die straffreie Verwendung von Cannabis als Medizin aussprach, der Kongress eine gleichlautende Empfehlung abgab und sich mehr als 60 nationale und internationale Gesundheitsorganisationen für die medizinische Cannabisnutzung einsetzten.

Aufgrund der Entscheidung von 2001 ist es der DEA bis heute möglich, Patienten, Ärzte oder die Mitarbeiter der

»Cannabis Buyers Clubs« festzunehmen. Oft werden diese direkt in Bundesgefängnisse verbracht, um sie dem Einfluss lokaler Behörden zu entziehen. Die Bundesbehörde geht beim Kampf gegen Marihuana oft mit extremer Härte vor. Bilder von Schwerstkranken, die an ihr Bett gefesselt wurden, und nicht zuletzt die vielen Verwechslungen im Krieg gegen Cannabis, bei denen auch Unschuldige in ernste Schwierigkeiten geraten, haben die DEA zu einer gleichermaßen gefürchteten wie verhassten Organisation gemacht. Dies ist längst kein innenpolitisches Problem mehr. Auch das Image der USA im Ausland leidet darunter.

Von der Regierung unter Präsident Bush erwartet niemand Schritte zur Lösung dieses Dilemmas. Selbst wenn der nächste Staatschef von den Demokraten gestellt wird, stehen laut »National Organization for the Refom of Marijuana Laws« (Nationale Organisation für eine Reform der Cannabisgesetze, NORML), der mitgliederstärksten Legalisierungsorganisation der Welt, die Chancen für medizinisches Cannabis nicht gut, solange im Supreme Court die Mehrheit der Richter den Republikanern angehört.

Niederlande – sind Coffeeshops die Lösung?

Nicht nur viele deutsche Kiffer schwärmen von den Niederlanden als dem Paradies aller Cannabisnutzer. Das vergleichsweise liberale Land hat auf die Konsumenten in aller Welt einen fast magischen Reiz. Coffeeshops nach niederländischem Vorbild werden in schöner Regelmäßigkeit auch für Deutschland gefordert. Andere wollen sie in den Niederlanden lieber gestern als heute wieder abschaffen. Ihre Gegner sehen in der Drogenpolitik des Landes die Kapitulation des Rechts vor der Mafia und eine ernste Gefahr für die Gesundheit aller Europäer.

Wie sieht die Situation bei unseren Nachbarn tatsächlich aus? Was bleibt vom Mythos des legalen Cannabishandels? Sind die Niederlande ein Eldorado für Rauschgiftsüchtige, oder hat die geduldete Drogenszene gar zu weniger Konsum geführt?

Allen Befürchtungen von steigenden Konsumentenzahlen durch liberale Politik zum Trotz liegen die Niederlande beim Cannabiskonsum in Europa im unteren Mittelfeld. Etwa 5 Prozent der Erwachsenen konsumieren mindestens einmal pro Jahr – Deutschland 7 Prozent. Befragt man die 18-jährigen Holländer, geben 28 Prozent an, bereits Erfahrungen mit Cannabis gemacht zu haben – Deutschland 32 Prozent.

Vielfach wurde befürchtet, dass der liberalere Umgang der Niederländer mit Cannabis in einem Anstieg des Konsums »härterer« Drogen enden würde. Auch dies scheint nicht der Fall zu sein. Im Verhältnis zu den Bevölkerungszahlen konsumieren die Niederländer nur halb so häufig Kokain wie Deutsche. Amphetamine (Speed) werden in Deutschland im Vergleich sogar von einem dreimal so großen Bevölkerungsanteil genutzt. Da der Konsum von Ecstasy in den Niederlanden weiter verbreitet ist als bei uns, kann man jedoch nicht sagen, dass die Cannabistolerierung zu einer Abnahme des Drogenkonsums im Allgemeinen führte.

Obwohl dies von Ausländern nicht immer verstanden wird, ist Cannabis in den Niederlanden verboten. Cannabisbesitz wird jedoch toleriert, sodass die Polizei in Absprache mit den Kommunen von der Strafverfolgung absehen kann. Dies tut sie in der Regel, wenn Privatpersonen weniger als 5 Gramm Cannabis für den eigenen Bedarf besitzen, lediglich eine kleine Zahl Cannabispflanzen für den eigenen Bedarf angebaut wird und der Konsum nicht in der Öffentlichkeit erfolgt.

Auch der Vertrieb von Haschisch und Marihuana in sogenannten Coffeeshops ist nicht legal. Er wird toleriert, wenn eine Genehmigung der Kommune vorliegt, ein Mindestabstand (oft 250 m) zu Kinder- und Jugendeinrichtungen eingehalten wird, der Shop auf aggressive Werbung verzichtet, der Zutritt auf Personen über 18 Jahre beschränkt ist, nur geringe Mengen Cannabis im Geschäft lagern (max. 500 g) und nicht mehr als 5 Gramm pro Person verkauft werden. Außerdem dürfen die Shops keine »harten Drogen« verkaufen und deren Konsum in ihren Räumlichkeiten nicht tolerieren. Manche Kommunen verbieten darüber hinaus den Verkauf an Ausländer oder den Ausschank von Alkohol.

Die Entwicklung der Coffeeshops geht auf das Jahr 1976 zurück. Damals folgte die Regierung der Niederlande den Empfehlungen einer Kommission zur Reform des Opiumgesetzes, unter das auch Cannabis fällt.

Mit der Neuregelung bekam die Bekämpfung des Cannabiskonsums nur eine sehr niedrige Priorität in der Polizeiarbeit. Anders als in Deutschland kann ein Polizist in den Niederlanden weitgehend selbst bestimmen, ob er Cannabisdelikte verfolgt und ahndet. Dieses »Opportunitätsprinzip« genannte Rechtsverständnis steht im Einklang mit den internationalen Drogenverträgen, weil de jure Cannabisbesitz und -anbau weiter mit bis zu vier Jahren Haft bestraft werden können. De facto gibt es vor niederländischen Gerichten kaum Prozesse wegen des bloßen Besitzes der Droge, während die deutsche Justiz unter mehr als 100.000 Cannabisbesitzverfahren pro Jahr leidet.

Bis in die neunziger Jahre hinein entstanden so, besonders in den Großstädten und Grenzregionen der Niederlande, mehr als 1000 tolerierte Cannabisverkaufsorte, für die sich die zunächst in Amsterdam gebräuchliche Bezeichnung »Coffeeshop« durchsetzte.

Von Anfang an stand das Tolerierungsmodell auf wackeligen Beinen. So sind sämtliche dem Verkauf vorgelagerten Tätigkeiten der Shopbetreiber weiter illegal. Der Anbau und die Verarbeitung der Cannabispflanzen, der Import von Haschisch und Marihuana, die Lagerung, selbst der Transport zu den Shops unterliegen der ständigen Gefahr der Strafverfolgung. Dies hat zum einen die negative Auswirkung, dass die »legalen« Shops weiter zum Umgang mit kriminellen Strukturen gezwungen sind. Andererseits liegt der Verkaufspreis in den Coffeeshops durch die Kombination aus hohem Risiko der Produzenten und regulärer Besteuerung oft über dem des Schwarzmarkts, weshalb selbst im »Einzelhandel« noch immer viele illegale Geschäfte stattfinden.

Im Jahr 2000 rief das Parlament dazu auf, eine Lösung für dieses »Hintertürproblem« zu finden. Die Regierung scheute den nötigen Schritt, den Umgang mit Cannabis weitgehend zu entkriminalisieren. Angesichts des bereits problematische Züge annehmenden Drogentourismus sollte die endgültige Regelung im Einvernehmen mit den Nachbarländern getroffen werden. Da mit Deutschland und Frankreich zwei der drogenpolitisch restriktivsten Länder Europas zu diesen Nachbarn gehören, war bereits vor den Beratungen klar, dass an ihrem Ende keine Legalisierung von Cannabis zu erwarten sein würde.

Stattdessen empfahl die Regierung den Kommunen, die im grenznahen Bereich von Deutschland und Belgien liegen, keine neuen Genehmigungen für Coffeeshops zu erteilen. Da auch Städte im Landesinneren den Coffeeshops zunehmend ablehnend gegenüberstehen, sinkt die Zahl der »legalen« Cannabisverkaufsstellen kontinuierlich.

Bestehende Coffeeshops werden von Kommunen zunehmend an den Stadtrand gedrängt oder geschlossen, indem bestehende Lizenzen durch eine Verschärfung der Abstandsregeln ihre Gültigkeit verlieren. Einzelne Shops, besonders im Raum Maastricht, versuchen einer Schließung zu entgehen, indem sie die persönlichen Daten ihrer Kunden speichern, die Käufer per Fingerabdruck legitimieren oder andere Schritte unternehmen, um die Einhaltung der Regeln auch nach außen sichtbar zu dokumentieren.

Die Zahl der offiziellen Coffeeshops in den Niederlanden liegt im dreistelligen Bereich. Rund ein Drittel aller Shops des Landes befinden sich in und um Amsterdam, der heimlichen Welthauptstadt der Kiffer. Dort gibt es nicht nur ein Museum über Cannabis und ein Hanfhotel. Mit dem jährlichen Cannabis Cup, der HighLife Hennepbeurs, einer Fachmesse für Cannabisanbau und Konsumzubehör, und dem Legalize Street Rave, der größten niederländischen Demonstration für die Legalisierung von Drogen, hat sich in Amsterdam eine vielseitige Kultur um Cannabiskonsum und Coffeeshops entwickelt.

Ein Aus für alle Coffeeshops der Niederlande ist rechtlich jederzeit möglich, die größtenteils guten Erfahrungen mit dem Versuch der Tolerierung machen dies aber unwahrscheinlich.

Die Regierung ist bemüht, Drogentourismus zu unterbinden, und bekämpft den Anbau von Cannabis inzwischen so intensiv, dass die Produktion zunehmend nach Belgien und Deutschland verlagert wird. Manch deutscher Hanftourist hat so in niederländischen Coffeeshops deutsches Marihuana erworben, und dem tausendfachen Kleinstschmuggel nach Deutschland gehen Großtransporte in die »umgekehrte« Richtung voraus.

Ihren Nimbus vom drogenpolitisch fortschrittlichen Land verteidigen die Niederlande neuerdings in einem anderen Bereich. Als einziges Land Europas haben sie 2003 den Verkauf von natürlichem Cannabis in Apotheken legalisiert. Das medizinisch standardisierte Marihuana stammt aus einem Betrieb, der eine staatliche Genehmigung für den Anbau der beinahe weltweit verbotenen Pflanze erhalten hat.

Cannabis Social Clubs – Legalisierung durch die Hintertür?

Angesichts der großen Probleme, die das Coffeeshopmodell der Niederlande mit sich bringt, denken viele Legalisierungsaktivisten über alternative Konzepte zur weitgehenden Entkriminalisierung der Cannabiskonsumenten nach. Ein derzeit verbreiteter Vorschlag sind sogenannte »Cannabis Social Clubs« (CSC), die in ein paar Jahren auch in Deutschland existieren könnten.

Mehrere Konsumenten schließen sich in einem solchen Club zusammen, um gemeinsam Cannabis anzubauen und so den persönlichen Bedarf zu decken. Das gemeinsam produzierte Marihuana wird allen Clubmitgliedern umsonst bzw. zum Selbstkostenpreis zur Verfügung gestellt. Lokalen Behörden wird der Zugang zu den »geheimen« Clubräumen und damit zu den Cannabispflanzen der Mitglieder ausdrücklich gewährt. Nichtmitglieder dürfen sich jedoch nicht in den Räumen aufhalten oder mit Cannabis versorgt werden.

Die Vertreter des Clubmodells, die im Rahmen der Organisation ENCOD europaweit zusammenarbeiten, starteten im Jahr 2006 eine Kampagne unter dem Titel »Freedom to Farm« (Die Freiheit anzubauen). Laut Eigenwerbung dient das Konzept CSC dazu, »die Rechtssicherheit beim Hanfanbau zu verbessern, den Schwarzmarkt für Cannabisprodukte und den Zugang Jugendlicher zu Cannabis zu reduzieren und die Gesundheit der Konsumenten zu schützen«. Cannabis Social Clubs existieren bereits in Spanien und Belgien. In Deutschland, Polen, Großbritannien, den Niederlanden und Italien laufen laut ENCOD Versuche, CSCs zu gründen.

Bewusst versuchen die Initiatoren der »Cannabis Social Clubs«, ihr Konzept im Einklang mit den bestehenden internationalen Verträgen und den jeweiligen nationalen Drogengesetzen zu etablieren. Statt einer grundlegenden Gesetzesänderung wollen die CSC-Betreiber so die Entkriminalisierung der Cannabiskonsumenten durch die Zusammenarbeit mit lokalen Behörden erreichen. Sie gehen bereits in der Gründungsphase auf örtliche Polizei und Kommunalregierung zu und sind bemüht, durch größtmögliche Transparenz Konflikte bereits im Vorfeld zu lösen. Durch dieses Verfahren sollen die Bedenken der Behörden zerstreut werden, bei den Cannabis-Clubs handele es sich um illegale Hanfplantagen. Auch sollen die Clubs durch die ständige Zusammenarbeit mit der Polizei zur Einhaltung des Jugendschutzes und des Abgabeverbots an Nichtmitglieder »gezwungen« werden.

CSCs bauen auf den Erfahrungen Nordamerikas mit »Cannabis Buyers Clubs« für medizinisches Cannabis und den niederländischen Coffeeshops auf. Im Gegensatz zu den »Buyers Clubs« wollen sie möglichst alle und nicht nur schwerkranke Cannabiskonsumenten von ihrem Modell profitieren lassen. Den wichtigsten Unterschied zu Coffeeshops sehen sie im Wegfall der kommerziellen Strukturen.

Inwieweit dies gelingt, ist noch fraglich. Kritiker sehen in den CSCs eine Lösung, die nur für einen kleinen Teil der Konsumenten in Frage kommt, den Gewohnheits- und Dauerkonsumenten mit unproblematischem Konsummustern. Die überwiegende Mehrheit der Probier- und Gelegenheitskonsumenten kann demnach nicht vom CSC profitieren, da bei so unregelmäßigem Konsum eine Planung des Eigenbedarfs unmöglich ist. Ohne verlässliche Bedarfsschätzung sei der Betrieb eines CSC jedoch nicht möglich, wie auch die Vertreter des Konzeptes einräumen.

Manche Kritiker befürchten, das die CSCs über kurz oder lang ihren unkommerziellen Charakter aufgeben. Das Modell sieht vor, dass die Kosten der Cannabisproduktion möglichst durch die Beiträge der Mitglieder refinanziert werden. Die Gegner des Modells befürchten, dass Überproduktion oder der Wegfall von Mitgliedern dazu führen, dass CSCs ihre Vereinskassen auf dem Schwarzmarkt füllen.

Darüber hinaus scheint das Modell CSC nicht auf alle Länder Europas übertragbar. Insbesondere in Deutschland warnen Juristen davor, dass CSCs Merkmale »krimineller Vereinigungen« haben und ihre Mitglieder deshalb mit hohen Strafen rechnen müssen.

Im Gegensatz zu Spanien oder den Niederlanden wird der Anbau selbst einzelner Cannabispflanzen in Deutschland nicht toleriert. Auch gäbe es für die deutsche Polizei keine Möglichkeit, legal »wegzusehen«. Wenn sie von den Planungen für einen solchen Club erfahren, müssen Strafverfolgungsbehörden in Deutschland ermitteln und entsprechende Strafverfahren eröffnen.

Dass ein solches Verfahren in Spanien mit einem Freispruch endete und die beschlagnahmten Cannabispflanzen zurückgegeben werden mussten, ist nicht auf Deutschland übertragbar.

»Cannabis Social Clubs« erfreuen sich derzeit in ganz Europa wachsender Beliebtheit und könnten die Diskussion um eine gemeinsame europäische Drogenpolitik neu beleben. Wenn eine Mehrheit der europäischen Länder das Modell CSC national umsetzt, könnte sich auch Deutschland dem nicht mehr verschließen.

Was bringt die Zukunft?

Ob sich an der weltweiten Ächtung von Cannabis als Rauschmittel in den kommenden Jahren tatsächlich etwas Entscheidendes verändert, ist eine Frage, die unter Cannabiskonsumenten immer wieder gestellt wird. Wie lange das

Drogenverbot noch besteht, bleibt jedoch reine Spekulation. Allen internationalen Legalisierungsbemühungen zum Trotz scheinen die Staats- und Regierungschefs am Krieg gegen Drogen festhalten zu wollen.

Dabei ist in einzelnen Staaten Bewegung in die Drogenpolitik gekommen. So erlauben immer mehr Länder die kontrollierte Abgabe von Heroin an Schwerstabhängige und auch die Verwendung von Cannabis als Medizin ist international längst etablierter, als es die minimalen Erfolge deutscher Bemühungen in diesem Bereich erahnen lassen.

Auf der anderen Seite steigen in aller Welt die für die Bekämpfung der Drogenkriminalität zur Verfügung stehenden Budgets weiter an, die mit diesem Geld finanzierten Maßnahmen erreichen zum Teil groteske Ausmaße.

Immer wieder drängt sich Beobachtern der Eindruck auf, dass es in der Drogenpolitik nicht primär um die Bekämpfung des von Rauschmitteln verursachten Leidens geht. Vielmehr scheint sie nach mehr als 40 Jahren Prohibition eher als wohlfeile Ausrede für die Beschneidung bürgerlicher Freiheiten zu dienen.

Gegner wie Befürworter der Cannabisprohibition sehen die derzeitige Situation mit Sorge, wenn auch aus unterschiedlichen Blickwinkeln. Die Legalisierungsaktiven befürchten einen Rückfall der Politik in die 80er Jahre und das Ende der vielen Schritte in Richtung Entkriminalisierung. Ihre politischen Gegner, die Verfechter einer harten Linie im Kampf gegen Drogen, zeigen sich über die Aufweichung der Verbote besorgt und befürchten, dass eine Legalisierung von Cannabis zu einem unkontrollierten Anstieg des Konsums führt.

8. Legalisierung – Gefahr oder Chance?

Legalisierung von Cannabis, das klingt für viele Menschen zunächst nach einer abwegigen, vielleicht sogar gefährlichen Idee. Das Verbot ist seit Jahrzehnten etabliert, und kaum jemand kann sich noch an die Zeiten erinnern, als Cannabis legal erhältlich war. Geschichtlich gesehen ist das Verbot von Cannabis aber eine relativ junge Erscheinung. Noch zu Kaiser Wilhelms Zeiten war es möglich, Cannabis problemlos in Apotheken zu kaufen oder Zigaretten mit Cannabis am Kiosk zu erwerben. Cannabis unterlag ebenso wie Opium oder Kokain keinem Verbot und wurde erst im Zuge der Opiumkonferenzen am Beginn des 20. Jahrhunderts illegalisiert. Bei der Legalisierung geht es also weniger darum, etwas Neues zu erfinden. Vielmehr ist es an der Zeit zu begutachten, ob das Verbot von Cannabis tatsächlich eine sinnvolle Neuerung war oder ob es eine bessere Möglichkeit gibt, mit Cannabis umzugehen.

Es gibt einige Beispiele für die Legalisierung vorübergehend verbotener Genussmittel. Im 17. und 18. Jahrhundert waren Kaffee und Tabak in einigen der damaligen deutschen Fürstentümer verboten. Verstöße wurden teilweise mit drastischen Maßnahmen wie Prügelstrafe, Brandzeichen oder Verbannung geahndet. Heute klingt das absurd, damals war es Normalität. Ein weiteres Beispiel ist das umfassende Alkoholverbot in den 20er Jahren in Amerika. Alle diese Verbote haben sich als nicht gottgegeben und veränderbar erwiesen. Es gab gute Gründe, davon wieder abzurücken.

Die Legalisierung von Cannabis wäre ein Unternehmen mit ungewissem Ausgang, denn selbst bei genauester Analyse der aktuellen Situation kann niemand mit Sicherheit voraussagen, wie die Dinge sich entwickeln würden. Schließlich gibt es derzeit kein einziges Land auf der Erde, in dem Cannabis legal ist und wo man die Auswirkungen beobachten könnte. Dennoch wird hier eine Möglichkeit vorgestellt, mit dem Phänomen Cannabis umzugehen, die sicher angemessener und sinnvoller ist als die Keule des Strafrechts. Es geht nicht darum, Cannabis einfach zu legalisieren und zu glauben, damit wäre alles in Ordnung. Das wäre naiv und realitätsblind. Es geht um eine durchdachte und behutsame Legalisierung, die Cannabis und seine Konsumenten mit allen Facetten ernst nimmt.

Was bedeutet Legalisierung?

In der Debatte rund um Cannabis gibt es einige Begriffe, die nicht jedem sofort verständlich sind, da sie zwar in dieselbe Richtung zielen, jedoch im Detail Unterschiedliches meinen.

Der Begriff »Entkriminalisierung« bedeutet, dass die Konsumenten nicht mit der vollen Härte des Gesetzes verfolgt werden. Zu diesem Zweck wurden in Deutschland Regelungen zum Besitz einer »geringen Menge« eingeführt, bei der Strafverfahren gegen einfache Konsumenten eingestellt werden können. Der Handel mit Cannabis wird dagegen von der Entkriminalisierung nicht berührt. Oft wird die Entkriminalisierung einfacher Konsumenten sogar damit begründet, dass man so Kapazitäten bei der Polizei freimachen könne, um den Handel umso stärker zu verfolgen.

Der Begriff »Liberalisierung« ist nicht klar definiert und bedeutet ganz allgemein, dass die Strafverfolgung im Cannabisbereich eine weniger große Rolle spielen soll, was eine große Bandbreite an Möglichkeiten offen lässt. Politiker und Experten, die von Liberalisierung sprechen, wollen sich in der Regel nicht genau festlegen, was sie konkret fordern.

»Legalisierung« meint dagegen, dass auch Handel und Anbau vollständig in legale Bahnen gelenkt werden und Cannabis wie ein normales Produkt behandelt wird.

Cannabisfachgeschäfte – ein Modell

Wie soll Legalisierung konkret aussehen? Haschisch im Supermarkt, schön arrangiert wie das Weinregal, in Fernsehen und Zeitungen beworben? Vertrieb von Joints in den Automaten der Zigarettenindustrie? Oder Abgabe in Apotheken, wie es in den 90er Jahren in Schleswig-Holstein geplant war? Coffeeshops wie in den Niederlanden? All diese Modelle haben ihre Schwachpunkte.

Ein weitgehend freier Handel wie bei Tabak und Alkohol könnte unerwünschte Konsumanreize schaffen, Cannabis wäre praktisch immer und überall verfügbar und würde den Menschen ununterbrochen nahegelegt. Auch der Verkauf in Apotheken scheint letztendlich nicht geeignet zu sein. Der Apothekerverband war verständlicherweise nicht begeistert von dieser Idee, schließlich sind Apotheken dazu da, heilende und lindernde Arzneien zu verkaufen, nicht Genussmittel. Auch die potenziellen Käufer würden sich im klinischen Ambiente einer Apotheke fehl am Platze fühlen, schließlich sind sie in der Regel nicht als Kranke anzusehen. Für die Konsumenten wäre eine Art Coffeeshop, in dem auch vor Ort konsumiert werden darf, die beste Lösung. So würde eine Möglichkeit geschaffen, in angenehmer Atmosphäre gemeinsam mit anderen zu konsumieren, wie es auch bei Alkoholkonsumenten in Bars und Kneipen der Fall ist. Allerdings hat auch das niederländische Modell seine Schattenseiten. Cannabis ist nicht legalisiert, es wird lediglich der Verkauf kleiner Mengen Cannabis »geduldet«. Abgesehen davon, dass auch in den Niederlanden Anbau und Handel mit Cannabis nicht geduldet werden und somit die Belieferung der Coffeeshops nicht geregelt ist und keine Qualitätssicherung stattfindet, fehlen dort auch Bestimmungen zur Information der Konsumenten.

Der Laden

Deshalb wird hier als Alternative zum Verbot das Modell des Cannabisfachgeschäftes in den Raum gestellt, wo Cannabis erworben, aber auch vor Ort konsumiert werden kann. Diese Verkaufsstellen sollten eine Reihe von Voraussetzungen im Hinblick auf Jugend- und Verbraucherschutz, Prävention und Schadensminimierung erfüllen. Die wichtigste Regel sollte die Einhaltung des Jugendschutzes sein, d. h. der Verkauf von Cannabis an Jugendliche sollte verboten bleiben. Außerdem sollte das Verkaufspersonal eine kleine Ausbildung absolvieren, um die Kunden kompetent beraten zu können. Vorstellbar wäre etwa ein mehrwöchiger Lehrgang mit Prüfung bei einer Organisation wie der IHK oder einem speziellen Händlerverband. Inhalt der Ausbildung sollten die Geschichte des Hanfes, medizinisch-pharmakologisches Wissen über Hanf- und Mischkonsum, Kenntnisse über Risiken und Gefahren des Cannabiskonsums und über Hilfsmaßnahmen sein. Das Personal sollte in der Lage sein, problematische Konsummuster bei den Kunden zu erkennen und entsprechend darauf zu reagieren, sei es in einem Gespräch oder mit der Vermittlung zu einer

Beratungsstelle. Um eine solche Herangehensweise der Verkäufer sicherzustellen, wäre auch die Organisation der Geschäfte in staatlicher Regie vorstellbar. Werbung für Cannabisprodukte sollte außerhalb der Läden nicht erlaubt sein, um niemanden zum Konsum zu verleiten. Ausführliche Informationen zu Cannabis sollten in jeder Verkaufsstelle zu bekommen sein, darunter auch Präventionsbotschaften, die einen problematischen Cannabiskonsum möglichst verhindern sollen.

Der Handel

In diesem Modell ist der Anbau von Cannabis legal und der Handel vom Erzeuger bis zum Shop geregelt. Cannabisprodukte unterliegen der lebensmittelrechtlichen Überwachung, wie sie auch bei anderen Lebens- und Genussmitteln üblich ist. Das hat den Vorteil, dass die Produkte von guter Qualität sind und gefährliche Verunreinigungen weitgehend vermieden werden.

Außerdem sollte zu jeder Verkaufseinheit eine klare und verbraucherfreundliche Produktdeklaration mitgeliefert werden mit Informationen über Produktionsjahr, Sorte, Preis, Gewicht, den ungefähren Gehalt der Cannabiswirkstoffe THC und CBD, die Anbauweise und Herkunft der Produkte. Auch eine Gebrauchsanweisung mit Informationen über Pharmakologie, Wirkungen, Dosierung, Nebenwirkungen und Risiken usw. des Cannabiskonsums wäre möglich und sinnvoll.

Nun drängt sich die Frage auf, warum hier Regelungen vorgeschlagen werden, die weit restriktiver sind, als es derzeit bei Alkohol der Fall ist. Das hat nichts damit zu tun, dass Cannabis gefährlicher wäre als Alkohol. Beide Genussmittel sollten auf vergleichbare Weise vertrieben werden. Auch Alkohol gehört nicht ins Supermarktregal und in die

Werbung. Zigaretten müssen nicht in Automaten an jeder Straßenecke angeboten werden. Eine genauere Betrachtung optimaler Vertriebswege für Alkohol und Tabak würde aber hier zu weit führen.

Anhand dieser Vorschläge für die Ausgestaltung des Handels mit Haschisch und Marihuana wird deutlich, dass es nicht darum geht, Cannabis völlig »freizugeben«, wie es Legalisierungsbefürwortern oft unterstellt wird. Ganz im Gegenteil geht es darum, einen völlig »freien« Schwarzmarkt zu regulieren bzw. in einen staatlich überwachten legalen Markt zu überführen.

Neben dem konkreten Vertrieb an die Endkunden müssten für eine vollständige Legalisierung auch der Anbau bzw. die Produktion und der Großhandel reguliert werden. Denkbar wäre sowohl der Import der Produkte aus traditionellen Anbaugebieten als auch der Anbau von entsprechenden Hanfsorten im Inland. Beide Varianten sollten, anders als in den Niederlanden, von Anfang an vollständig und nachvollziehbar geregelt sein.

Außerdem sollte es jedem Erwachsenen erlaubt sein, Hanfpflanzen für den eigenen Bedarf selbst anzubauen, ähnlich wie es auch bei Tabak der Fall ist.

Rechtliche Fragen

Um eine Legalisierung zu erreichen, wie wir sie hier skizziert haben, sind zum einen umfangreiche Gesetzesänderungen im Inland nötig. Außerdem müssten auf der internationalen Ebene einige Verträge geändert werden, was von der Bundesregierung regelmäßig als Argument gegen eine Legalisierung ins Feld geführt wird. Tatsächlich wäre ein Ausscheren aus der international festgelegten Cannabispolitik mit unangenehmen Diskussionen insbesondere mit den USA verbunden, schließlich haben sie den »war on drugs« erfunden und führen diesen Krieg verbitterter denn je. Da die Diskussion um das Cannabisverbot nicht nur in Deutschland geführt wird und in anderen Ländern zum Teil schon weiter fortgeschritten ist, wäre ein gemeinsames Vorgehen mit anderen Staaten zur Änderung der Verträge mittelfristig denkbar.

Sollte das Bundesverfassungsgericht das Cannabisverbot in den nächsten Jahren für verfassungswidrig erklären, hätten sich damit auch die internationalen Verpflichtungen erledigt, denn das Grundgesetz hat in solchen Fällen Vorrang.

Auswirkungen der Legalisierung

Kritiker der Legalisierung bringen regelmäßig das Argument, dass problematischer Cannabiskonsum durch sie nicht verhindert werden kann. Dabei ist das gar nicht primäres Ziel der Legalisierung. Sicher wird es auch nach einer Legalisierung Menschen geben, deren Cannabiskonsum aus dem Ruder läuft und ihnen erhebliche Probleme bereitet.

Zweck der Legalisierung ist es vor allem, die vielen negativen Auswirkungen des Cannabisverbots zu beseitigen. Wenn man das »Experiment Cannabisverbot« umfassend beurteilen will, muss man seine schädlichen Auswirkungen betrachten. Auf der positiven Seite nimmt das Verbot das Ziel in Anspruch, Cannabiskonsum insgesamt zu verringern und damit auch problematischen Konsum zu dämpfen. Auch diese Annahme gehört auf den Prüfstand.

Führt Legalisierung zu mehr Konsum?

Eine der größten Befürchtungen, die mit dem Gedanken an eine Cannabislegalisierung einhergehen, ist die, dass viel mehr Menschen zu Cannabis greifen würden, wenn es legal in einem Geschäft erwerbbar wäre, und damit jedes strafrechtliche Risiko für die Konsumenten entfallen würde. Politiker sagen in dem Zusammenhang gerne, sie wollten kein »neues Fass« aufmachen, es gäbe schon genug Probleme mit den legalen Drogen Alkohol und Tabak, da müsse man nicht noch ein weiteres Problem schaffen. Von einem »neuen Fass« kann allerdings kaum die Rede sein. Cannabis ist keine kulturfremde Droge. Es ist ein Genussmittel, das aktuell von vier Millionen Deutschen quer durch alle sozialen Schichten konsumiert wird. In Deutschland werden jedes Jahr mehrere hundert Tonnen Haschisch und Marihuana verbraucht.

Dennoch bleibt die Frage, ob die Zahl der Konsumenten durch eine Legalisierung weiter steigen würde – mit einer entsprechenden Anzahl zusätzlicher Problemfälle.

Diese Befürchtung unterstellt, dass das Verbot die Menschen vom Konsum abhält. Drogenpolitik zielt im Wesentlichen darauf ab, die Bürger vor problematischem Drogenkonsum zu schützen. Darin sind sich im Prinzip Drogenpolitiker aller Couleur einig, auch die Befürworter einer Legalisierung. Die Programme der Drogenprävention und der Drogenberatung zielen ebenfalls darauf ab.

Das Cannabisverbot soll problematischen Konsum vermeiden, indem es den Cannabiskonsum als Ganzen verhindert, egal, ob er im Einzelfall ein Problem darstellt. Das soll erreicht werden durch verschiedene Auswirkungen der strafrechtlichen Verfolgung der Konsumenten und Händler. Die Verfolgung der Konsumenten soll durch die Androhung von Strafe eine Hemmschwelle schaffen und so die Nachfrage nach der Droge reduzieren. Die Verfolgung der Produzenten und Händler soll das Angebot verknappen und so die Preise in die Höhe treiben, sodass die Droge für die Konsumenten nicht nur weniger leicht erhältlich, sondern auch teurer wird, was wiederum die Nachfrage reduzieren soll. So stellen sich die Befürworter des Verbots die Wirkungen der Strafverfolgung in der Theorie vor.

Ob diese Ziele der Repression, Angebot und Nachfrage zu reduzieren und die Preise in die Höhe zu treiben, in der Praxis überhaupt auch nur ansatzweise erreicht werden, wurde in Deutschland nie offiziell erforscht. Es gibt aber eine Reihe von Anhaltspunkten, die dafür sprechen, dass die Repression diese Ziele verfehlt.

Am deutlichsten wird das beim heutigen Marktpreis für Haschisch und Marihuana. Bei Preisen um vier bis zehn Euro pro Gramm kann sich fast jeder diese Genussmittel leisten, ein Cannabisrausch ist nicht teurer als ein Alkoholrausch. Teilweise sind die Preise für Cannabis in den niederländischen Coffeeshops höher als auf dem deutschen Schwarzmarkt. Zumindest bei Cannabis kann kaum die Rede davon sein, dass die Prohibition die Preise empfindlich in die Höhe schraubt.

Auch die künstliche Verknappung des Angebots funktioniert kaum. Trotz aller Bemühungen von Polizei und Zoll finden jedes Jahr mehrere hundert Tonnen Haschisch und Marihuana ihren Weg zu den deutschen Cannabiskonsumenten. Insbesondere für Jugendliche, um deren Wohl es vor allem geht, ist es heutzutage kein Problem, an Cannabis heranzukommen. Wenn man bedenkt, dass fast die Hälfte der Schulabgänger Cannabis probiert hat, ist klar, dass praktisch jeder jemanden kennt, der etwas besorgen kann. Schwierigkeiten beim Erwerb von Cannabis haben eher ältere Leute, die wenige oder gar keine Cannabiskonsumenten in ihrem Bekanntenkreis haben. Bei ihnen kann man der Repression einen gewissen Erfolg anrechnen. Sie haben kaum Zugang zu Cannabis, für sie ist das Angebot tatsächlich stark eingeschränkt. Es könnte also sein, dass einige von ihnen Cannabis probieren würden, wenn es legal erhältlich wäre. Allerdings interessieren sich diese meist älteren Semester in der Regel weniger dafür, und sie sind auch nicht besonders gefährdet, nach einer »Probe« in ein übertriebenes Konsummuster zu verfallen. In Bevölkerungsschichten, für die das Angebot an Cannabis durch eine Legalisierung tatsächlich steigen würde, ist demnach kaum mit einem wesentlichen Konsumanstieg zu rechnen. Von einer Reduzierung des Angebots durch die Strafverfolgung kann also unter dem Strich kaum die Rede sein, vor allem nicht für die eigentlich anvisierte Zielgruppe der jungen Leute.

Ähnlich sieht es aus bei der Verringerung der Nachfrage durch die Androhung von Strafverfolgung. Einige Erwachsene lassen sich sicherlich durch die Illegalität vom Probierkonsum abhalten, insbesondere diejenigen, deren Interesse an Cannabis sowieso nicht besonders ausgeprägt ist. Bei Jugendlichen bewirkt das Verbot mitunter das Gegenteil, es lockt der »Reiz des Verbotenen«. Cannabis liefert Teenagern eine willkommene Möglichkeit, gegen Regeln zu verstoßen und so ihren pubertären Drang nach Abgrenzung von den Eltern und nach Provokation »spießiger« Erwachsener zu befriedigen.

Leider gibt es keine konkreten Untersuchungen zu der Frage, inwieweit das Verbot eine gewisse Hemmschwelle für die einen und einen Anreiz für die anderen darstellt. Dennoch gibt es Indizien dafür, dass die Repression keine nennenswerten Auswirkungen auf den Cannabiskonsum der Bevölkerung hat. Insbesondere Vergleiche von Ländern mit mehr oder weniger starker Repression und deren Konsumentenzahlen sprechen eine deutliche Sprache. In den Niederlanden, wo Cannabis ohne juristische Risiken in Coffeeshops erhältlich ist, wird nicht mehr gekifft als in Deutschland. Unter Schülern ist Cannabiskonsum dort sogar weniger verbreitet als bei uns. In den USA wiederum, wo die Strafverfolgung von Cannabiskonsumenten sehr viel extremer betrieben wird als bei uns, konsumieren wesentlich mehr Menschen Cannabis als hierzulande. Auch die Betrachtung der deutschen Bundesländer mit ihren großen Unterschieden bei der Strafverfolgung von Cannabiskonsumenten führt zu demselben Ergebnis. In München gab es nach einer Untersuchung des Kriminologischen Forschungsinstituts Niedersachsen (KFN) von 2002 die meisten jugendlichen Cannabiskonsumenten, obwohl Bayern als das repressivste Bundesland gilt. Die Konsumentenzahlen im liberaleren Norden waren deutlich niedriger. Man könnte fast meinen, dass die Strafverfolgung die Nachfrage sogar anheizt, gäbe es nicht Länder wie Schweden, in denen eine repressive Drogenpolitik herrscht und relativ wenige Cannabiskonsumenten zu finden sind. Unter dem Strich lässt sich bei solchen Vergleichen jedenfalls nicht feststellen, dass intensive Strafverfolgung generell einen dämpfenden Einfluss auf den Cannabiskonsum hat. Andere kulturelle Einflüsse scheinen eine wesentlich größere Rolle zu spielen als die Repression.

Einen weiteren Anhaltspunkt dafür liefert eine Untersuchung der Bundeszentrale für gesundheitliche Aufklärung über »Die Drogenaffinität Jugendlicher in der Bundesrepublik Deutschland« von 2001. Dort wurden Jugendliche, die das erste Drogenangebot abgelehnt haben, nach ihren Gründen befragt. Sie gaben an, schlicht kein Interesse zu haben oder Angst vor dem Rausch (45 bzw. 26 Prozent), vor gesundheitlichen Schäden und Abhängigkeit. Auch das Rauchen an sich und das schlechte Ansehen von Drogenkonsumenten spielten eine Rolle für die Ablehnung. Die Angst vor Strafverfolgung hatte dagegen mit 3 Prozent kaum Einfluss auf die Entscheidung.

Der Vergleich mit Alkohol wirft auf den ersten Blick Zweifel an diesen Überlegungen auf. Warum konsumieren deutlich mehr Menschen Alkohol als Cannabis, wenn es nicht auf das Verbot zurückzuführen ist? Das dürfte daran liegen, dass die Wirkung von Cannabis auf Psyche und Wahrnehmung vielen nicht gefällt, sodass ein erheblicher Teil nach dem Probierkonsum wieder aufhört. Cannabis ist nicht jedermanns Sache und wird es auch nach einer Legalisierung nicht werden. Deshalb ist nicht zu erwarten, dass der Cannabiskonsum auf das Niveau des legalen Alkohols ansteigen wird.

Die »Kommission für soziale Sicherheit und Gesundheit« des Schweizer Nationalrates kam in einem Bericht vom 30.04.1999 zu dem Ergebnis:
Die verbreitete Vermutung einer ins Gewicht fallenden generalpräventiven Wirkung der Konsumstrafbarkeit kann nicht nachgewiesen werden und scheint auch wenig plausibel. [...] Sämtliche empirischen Untersuchungen und statistischen Daten, sowohl im internationalen wie im interkantonalen Quervergleich, deuten dementsprechend mit steter Regelmäßigkeit darauf hin, dass zwischen der Verbreitung/Häufigkeit des Drogenkonsums und der strafrechtlichen Verfolgungs- und Sanktionierungspraxis kein signifikanter Zusammenhang besteht.

Nach Jahrzehnten zunehmender Repression und steigender Konsumentenzahlen muss festgestellt werden, dass das Cannabisverbot sein Ziel, den Konsum der Bevölkerung zu reduzieren, grandios verfehlt hat. Umgekehrt kann man davon ausgehen, dass die Zahl der Konsumenten nach einer Legalisierung nicht wesentlich ansteigen wird.

Staatliche Verfolgung von Cannabiskonsumenten wird beendet

Cannabiskonsumenten, die sich für eine Entkriminalisierung einsetzen, treffen oft auf Unverständnis. Ihnen wird entgegengehalten, in Deutschland könne man bereits entspannt kiffen. Die Wahrscheinlichkeit, erwischt zu werden, sei gering, und selbst dann seien keine dramatischen Folgen zu erwarten.

Leider ist diese Einschätzung naiv. Die Strafverfolgung von Cannabiskonsumenten hat mittlerweile dramatische Ausmaße angenommen. Im Jahr 2006 wurden ca. 150.000 Strafverfahren wegen Cannabis eingeleitet, davon 80 Prozent gegen einfache Konsumenten. Die große Masse der Verfahren richtet sich also gegen ganz normale Kiffer und nicht etwa gegen »große Fische«, die kiloweise Marihuana verteilen oder große Hanfplantagen betreiben. Jugendliche und junge Erwachsene geraten besonders häufig ins Fadenkreuz der Ermittler, ca. 100.000 Strafverfahren entfielen allein auf diese Gruppe. Zum großen Teil werden diese Verfahren eingestellt, sie können aber auch zu empfindlichen Verurteilungen führen. Saftige Geldstrafen und verordnete Sozialstunden sind dabei das geringste Übel. Auch der Besitz geringer Mengen kann unter bestimmten Umständen zu Haftstrafen führen, insbesondere wenn man mehrfach erwischt wird. Besonders riskant ist der weit verbreitete Eigenanbau einiger Hanfpflanzen für den privaten Konsum, mit dem sich viele Konsumenten vom Schwarzmarkt unabhängig machen. Nach der Ernte wird ein Vorrat angelegt, der bis zur nächsten Ernte reicht. Dadurch steigt das strafrechtliche Risiko, weil sich das Strafmaß an der aufgefundenen Menge orientiert. Manche Hobbygärtner werden von ihrem eigenen »Grünen Daumen« überrascht und produzieren mehr rauchbares Material als geplant. So wurde im

August 2007 im Südwesten der Republik ein nicht vorbestrafter 25-jähriger Handwerker zu zwei Jahren und acht Monaten Gefängnis verurteilt, weil er 40 Hanfpflanzen angebaut hatte. Diese Verurteilung wird den jungen Mann sein Leben lang prägen.

Auch Gefängnisstrafen auf Bewährung werden von manchen Richtern relativ schnell verhängt. Ein 26-Jähriger kassierte in Frankfurt 900 Euro Geldstrafe und 6 Monate Gefängnis auf Bewährung für den Anbau einiger Hanfpflanzen in seiner Wohnung. Solche Bewährungsstrafen schweben über den Köpfen vieler junger Cannabiskonsumenten. Das bedeutet, dass sie in der Folge auch mit dem Besitz sehr kleiner Mengen ihres Genussmittels ständig Gefahr laufen, ins Gefängnis zu wandern.

Sobald Handel mit Cannabis ins Spiel kommt, verschärft sich die Strafandrohung noch einmal erheblich, selbst wenn es nur um Weitergabe relativ kleiner Mengen an Freunde geht, was unter Cannabiskonsumenten durchaus üblich ist. Aber auch unter denjenigen, die Cannabis in größerem Stil anbauen und verkaufen, finden sich viele anständige Menschen, die durchaus wertvolle Mitglieder unserer Gesellschaft sind. Sie schaden dem Allgemeinwohl jedenfalls nicht mehr als der Besitzer des nächsten Supermarktes, der Alkohol unter die Leute bringt. Sie achten darauf, ihren Kunden gute Qualität zu vernünftigen Preisen anzubieten. Sie betätigen sich als Cannabishändler, weil sie Hanf mögen und das Verbot nicht einsehen. Solche Leute gehören nicht ins Gefängnis, sondern zu ihren Frauen, Kindern und Freunden und an ihren Arbeitsplatz – gerne auch als Verkäufer in Hanffachgeschäfte! Stattdessen versauern viele von ihnen in den Haftanstalten.

Cannabiskonsumenten haben in der Regel wenig Unrechtsbewusstsein, obwohl ihnen klar ist, dass sie gegen das Betäubungsmittelgesetz verstoßen. Das liegt keineswegs daran, dass sie insgesamt wenig Respekt vor Gesetzen hätten. Allerdings ist bei fast allen anderen Gesetzen offensichtlich nachvollziehbar, dass sie dem Allgemeinwohl dienen oder eine Schutzfunktion für andere erfüllen. Cannabiskonsumenten schaden, wenn überhaupt, nur sich selbst, sodass sie das Verbot als unverhältnismäßigen Eingriff in ihr Privatleben empfinden. Sie sind normale Bürger, die keineswegs besondere kriminelle Energie an den Tag legen oder moralische Defizite aufweisen. Die meisten würden nie eine Straftat begehen. Nur wegen des »falschen« Genussmittels werden sie als Kriminelle abgestempelt. Da es keinen nachvollziehbaren medizinischen Grund für die unterschiedliche rechtliche Behandlung von Alkohol und Cannabis gibt, wird die strafrechtliche Verfolgung als staatliche Willkür empfunden. Die meisten Betroffenen sind also trotz ihres Cannabiskonsums durchaus rechtschaffene Bürger. Für sie ist es ein einschneidendes Erlebnis, wegen einer Straftat angezeigt zu werden, auch bei einer späteren Einstellung des Verfahrens. In manchen Bundesländern ist ein solches Verfahren regelmäßig mit einer äußerst unwürdigenden Behandlung durch Polizisten verbunden. Von Leibesvisitationen bis hin zum vollständigen Entkleiden und der Untersuchung intimer Körperstellen wird immer wieder berichtet. Teilweise werden wegen geringster Mengen Cannabis Hausdurchsuchungen mit vorgehaltenen Waffen veranstaltet und die Wohnungen der Betroffenen in einen Zustand versetzt, als hätte eine Bombe eingeschlagen.

Wer einmal ins Fadenkreuz der Gesetzeshüter geraten ist, muss damit rechnen, dass sich solche Vorfälle wiederholen. In ländlichen Gegenden, wo der »Dorfpolizist« jeden »Verbrecher« persönlich kennt, kann das quasi zu einer Dauerüberwachung führen. Auch die Speicherung von Drogenvorfällen im Polizeicomputer kann bei der nächsten

Routinekontrolle im Straßenverkehr schnell eine Durchsuchung des Fahrzeugs nach sich ziehen oder die Aufforderung, einen Drogenschnelltest über sich ergehen zu lassen – auch wenn der Betreffende noch nie berauscht am Steuer saß. Natürlich muss die Polizei für Sicherheit im Straßenverkehr sorgen, aber es muss auch nicht jeder mit einer Sonderbehandlung rechnen, der mal in einer Kneipe beim Bier gesichtet wurde.

Wer gerne Festivals oder Diskotheken mit bestimmten Musikrichtungen wie Techno oder Reggae besucht, muss ständig mit Razzien rechnen. Ein großes Polizeiaufgebot in kompletter Kampfmontur untersucht mitunter jeden Anwesenden oder jedes anreisende Fahrzeug und vermittelt einen bleibenden Eindruck, was Staatsgewalt und Krieg gegen Drogen bedeuten. Aber auch normale Überprüfungsmaßnahmen verletzen regelmäßig die Würde der Betroffenen. Im September 2007 ging die Nachricht durch die Medien, dass sich eine 15-Jährige in Zürich wegen einer Drogenkontrolle auf der Polizeistation vollständig entkleiden musste. Ein Vorgang, der auch in Deutschland nicht außergewöhnlich sein dürfte.

Auf diese Weise wird die Einstellung von Millionen Deutschen gegenüber Staat, Polizei und Politik geprägt. Die Polizei wird nicht mehr als Schutz empfunden, sondern als Bedrohung. Jedes Mal, wenn ein Cannabiskonsument mit einer Blüte in der Tasche einen Polizisten sieht, wird er negative Gefühle empfinden. Der gesamte Staat, der gerade in einer Demokratie darauf angewiesen ist, dass ihm die Menschen positiv gegenüberstehen, wird zur feindlichen Instanz. Das Gleiche gilt für Parteien und Politiker. Eine junge Generation von Hanfkonsumenten fragt sich, mit welchem Recht eine ältere, alkoholgeprägte Generation vorschreiben darf, dass Cannabis verboten ist.

Die beschriebenen Repressalien bedrohen alle Hanfkonsumenten, obwohl weniger als zehn Prozent von ihnen je ernsthafte Probleme mit ihrem Konsum haben werden. Von der Strafverfolgung sind also viel mehr Menschen betroffen als von den Auswirkungen des Cannabiskonsums selbst. Und die Auswirkungen eines Strafverfahrens sind zum Teil sehr viel gravierender als die meisten Risiken des Cannabiskonsums. Deshalb gilt: Die schlimmste Nebenwirkung ist die Strafverfolgung!

Eine Legalisierung von Cannabis würde diese massive, rechtsstaatlich bedenkliche Verfolgung der Konsumenten beenden.

Gesellschaftliche Diskriminierung von Cannabiskonsumenten wird beendet

Cannabiskonsumenten sind neben der rein strafrechtlichen Bedrohung noch weiteren Diskriminierungen ausgesetzt. So kann selbst gelegentlicher Cannabiskonsum bei einem Sorgerechtsstreit negativ zu Buche schlagen. Wer ein paar Hanfpflanzen auf seinem Balkon anbaut, muss damit rechnen, dass der Vermieter die Wohnung kündigt.

Besonders gravierend sind die Gefahren, die sich für Ausbildungsplatz, Arbeitsstelle und Schule ergeben können. Nicht wenige Schüler sind schon wegen Cannabisbesitzes von der Schule verwiesen worden, auch wenn sie nicht bekifft im Unterricht saßen. Viele Betriebe gingen in den letzten Jahren dazu über, ihre zukünftigen Auszubildenden einem Drogenscreening zu unterziehen. Wer dabei als Hanfkonsument auffällt oder den Test verweigert, hat kaum Chancen auf einen Ausbildungsplatz. Zu ähnlichen Problemen bis hin zur Kündigung kann es auch beim Arbeitsplatz kommen, wenn der Cannabiskonsum eines Mitarbeiters bekannt wird. Schon der Partyjoint am Wochenende kann ausreichen, um beim Arbeitgeber in Ungnade zu fallen, auch wenn keinerlei Auswirkungen auf die Arbeitsfähigkeit erkennbar sind.

Cannabiskonsumenten müssen mit dem Verlust des Führerscheins oder mit der Anordnung einer medizinisch-psychologischen Untersuchung rechnen, auch wenn sie nie berauscht am Straßenverkehr teilgenommen haben. Angenommen, die Polizei findet bei einer Verkehrskontrolle am Mittwoch bei einem nüchternen Fahrer lange Joint-Blättchen und der Betroffene ist so unvorsichtig zu sagen, er konsumiere nicht viel, immer nur am Wochenende: Mit dieser Information könnte die Führerscheinstelle ihn als regelmäßigen Konsumenten einstufen. Er gilt dann als charakterlich ungeeignet, ein Kraftfahrzeug zu führen. Sein Führerschein kann ohne weitere Prüfung entzogen werden. Das Gleiche gilt, wenn jemand auf einem Festival von Zivilfahndern erwischt wird, wie er zum Joint noch ein Bier trinkt. Bei derartigem Mischkonsum ist der Führerschein sofort weg, auch wenn der Betreffende das ganze Jahr noch nicht in einem Auto gesessen hat. Bei einer Autofahrt können winzige Restmengen von THC im Blut dazu führen, dass eine Drogenfahrt unterstellt wird, obwohl längst keine Wirkung mehr vorliegt, während bei Alkohol mäßige Beeinträchtigungen der Fahrtüchtigkeit toleriert werden. Dieser Effekt wird noch dadurch verstärkt, dass sich Cannabis im Blut nicht wie Alkohol gleichmäßig abbaut, sondern zuerst schnell und später sehr langsam, sodass noch lange nach Abklingen der Wirkung THC nachgewiesen werden kann. Die Repressalien bezüglich des Führerscheins sind für viele eine größere Bedrohung als ein Strafverfahren, weil sie beruflich auf ihren Führerschein angewiesen sind.

Zu alledem kommt die gesellschaftliche Ächtung von Cannabiskonsumenten. Weil dieses Genussmittel gesetzlich verboten ist, werden Kiffer in weiten Teilen der Bevölkerung als Kriminelle angesehen und entsprechend behandelt. Die Nachbarn schauen denjenigen schief an, bei dem die Polizei mit großem Aufgebot die Wohnung auf den Kopf gestellt und ein paar Pflanzen beschlagnahmt hat. Krach mit Familie und Freunden ist oft vorprogrammiert, wenn man nicht Bier, sondern Hanf zu sich nimmt. Im besseren Fall wird man nicht als Krimineller auf der schiefen Bahn, sondern als kranker Drogenabhängiger betrachtet. Natürlich reagieren nicht alle Leute so auf Cannabiskonsumenten, aber dass so etwas immer noch an der Tagesordnung ist, ist in erster Linie auf das Verbot von Hanf zurückzuführen. Bei einem bekennenden gelegentlichen Biertrinker würde sich kein Mensch so verhalten.

Hanffreunde bekommen ihre verfassungsmäßig garantierten Rechte

Als letzte Auswirkung des Verbotes, die Konsumenten direkt betrifft, sei noch die Einschränkung der verfassungsmäßig garantierten Rechte erwähnt. Die Androhung von Strafe für den Besitz von Cannabis, die Verhängung von Gefängnisstrafen und die Demütigung von Verdächtigen durch die Untersuchung von Körperöffnungen und radikale Hausdurchsuchungen bedeuten eine erhebliche Einschränkung der Würde des Menschen (Art. 1 I GG). Das Ziel, den Cannabiskonsum zu unterbinden, bringt eine Einschränkung der freien Entfaltung der Persönlichkeit mit sich (Art. 2 II GG). Auch die gebotene Gleichbehandlung von Cannbis- und Alkoholkonsumenten wird verletzt (Art. 3 II GG). Dass hier eine starke Einschränkung menschlicher Grundrechte stattfindet, ist eindeutig.

Eine solche Einschränkung von Grundrechten ist durchaus vertretbar, wenn es dafür gute Gründe gibt und der Eingriff einen legitimen Zweck hat, z. B. den, einer starken Gefährdung der Bevölkerung durch Cannabis entgegenzuwirken. Das Verbot muss geeignet sein, den angestrebten Zweck zu erreichen. Dabei darf es kein milderes, mindestens gleichwertiges Mittel zur Erreichung des Zwecks geben, der Eingriff muss also erforderlich sein. Die gewählten Maßnahmen müssen die Verhältnismäßigkeit zum angestrebten Zweck wahren. Nur wenn alle diese Voraussetzungen eingehalten werden, ist die Einschränkung von Grundrechten durch eine gesetzliche Maßnahme verfassungskonform.

Dass dem Cannabisverbot meist ein legitimer Zweck zugeschrieben wird, ist noch nachvollziehbar, es soll problematischen Cannabiskonsum reduzieren. Es gibt aber auch Verfassungsrechtler, die darin keinen legitimen Zweck sehen, weil Cannabis nach aktuellem Kenntnisstand für die große Mehrheit der Konsumenten keine dramatischen gesundheitlichen Folgen hat.

Dass die Einschränkung von Rechten im Fall von Cannabiskonsumenten oder -händlern angemessen ist, wird ebenfalls von einigen Verfassungsrechtlern bezweifelt. Hierbei geht es auch um die Frage der tatsächlichen Gefährlichkeit von Cannabis. Angesichts der aktuellen Erkenntnisse zu den Risiken des Cannabiskonsums, gerade im Vergleich zu Alkohol, sind hunderttausende Strafverfahren sicher keine angemessene und damit verhältnismäßige Reaktion auf das Phänomen Cannabis. Auch mit Blick auf die teilweise dramatischen Auswirkungen des Verbots, nicht nur auf die Konsumenten, sondern auf die gesamte Gesellschaft, kommen viele zu dem Ergebnis, dass von Verhältnismäßigkeit kaum die Rede sein kann.

Angesichts der Tatsache, dass das Verbot nach allen verfügbaren Daten wenig bis gar keine dämpfende Wirkung auf den Cannabiskonsum der Bevölkerung hat, drängt sich die Erkenntnis auf, dass das Verbot auch im verfassungsrechtlichen Sinne nicht geeignet ist, dieses Ziel zu erreichen.

Erfolgversprechender sind einige gut durchdachte Präventionsprogramme. Die drastischen Maßnahmen des Verbots sind also nicht erforderlich, um den angestrebten Zweck zu erreichen.

In einer Untersuchung zu der Frage, ob das Cannabisverbot gegen das Grundgesetz verstößt, kommt die Juristin und Cannabisexpertin Dr. Nicole Krumdiek im Jahr 2006 zu dem Ergebnis, dass das Verbot von Cannabis wegen der oben genannten Gründe verfassungswidrig ist.

Als sich das Bundesverfassungsgericht 1994 zuletzt umfassend mit diesen Fragen auseinandergesetzt hat, konnte es sich noch nicht dazu durchringen, das Cannabisverbot als Ganzes oder auch nur die Strafverfolgung von Konsumenten für verfassungswidrig zu erklären. Aber immerhin hat das oberste Gericht schon damals geurteilt, dass Verfahren wegen des Besitzes geringer Mengen zum gelegentlichen Eigenverbrauch von den Staatsanwälten eingestellt werden sollten. Der Beschluss des obersten Gerichtes war nicht einstimmig. Richter Sommer vertrat die abweichende Meinung, dass das Verbot des Besitzes geringer Mengen Cannabis zum Eigenverbrauch grundsätzlich verfassungswidrig sei. Danach müssten entsprechende Verfahren nicht nur eingestellt, sondern dürften gar nicht erst eröffnet werden. Ob das Bundesverfassungsgericht in den nächsten Jahren zu ähnlichen Ergebnissen kommt, bleibt abzuwarten.

Angesichts der Tatsache, dass das Cannabisverbot sein Ziel völlig verfehlt hat, die Zahl der Konsumenten zu verringern, ist die massive Einschränkung von Bürgerrechten nicht gerechtfertigt und nicht nachvollziehbar. Durch die Legalisierung von Cannabis würden die Konsumenten wieder als Menschen anerkannt, deren Rechte ernst zu nehmen sind.

Zusammenfassung aus Sicht der Konsumenten

Das Hanfverbot hat eine Fülle an negativen, teilweise dramatischen Auswirkungen für die Konsumenten. Sie sind Opfer des »war on drugs«, eines Krieges gegen eine Pflanze.

Eine Legalisierung von Cannabis würde Hanfkonsumenten mit Biertrinkern und Zigarettenrauchern auf eine Stufe stellen und die beschriebenen Konsequenzen für Millionen Betroffene in Deutschland aufheben. Kiffer würden endlich als das dastehen, was sie tatsächlich sind: ganz normale Leute, die mehr oder weniger regelmäßig ein Genussmittel zu sich nehmen, wie das eben die Mehrheit der Erwachsenen tut, sei es Kaffee, Bier oder eben Hanf. Hanfkonsumenten sind nicht mehr oder weniger kriminell als Nichtkonsumenten. Die meisten von ihnen gehen ohne besondere Auffälligkeiten ihrer Arbeit nach. Einige werden auch nach einer Legalisierung mit ihrem Konsum nicht klarkommen, so wie es bei Alkoholkonsumenten auch ist. Diese Leute brauchen vielleicht Hilfe, aber sicher keine Strafe.

Legales Gras ist gesünder

Diese Überschrift ist mit Absicht provokativ. Wir hören schon den Aufschrei der Drogenbeauftragten, dass Cannabis nie gesund ist und potenziell gefährlich. Und das ist sogar richtig. Kiffen bringt Risiken mit sich, egal unter welchen Bedingungen.

Aber schauen wir doch mal, welche Auswirkungen das Verbot und damit der Schwarzmarkt auf das erhältliche Haschisch und Marihuana haben. Es unterliegt keinerlei Kontrollen durch die sonst üblichen Behörden zur Lebensmittelüberwachung. Bei jedem legalen Genussmittel gibt es staatliche Vorgaben, welche Inhaltsstoffe im Produkt enthalten sein dürfen und welche nicht. Es gibt Grenzwerte für alle möglichen Schädlingsbekämpfungs- und Düngemittel. So kann man wenigstens einigermaßen sicher sein, dass man in der Regel unbedenkliche Ware kauft. Wenn sich der Handel nicht an die Auflagen hält, gibt es einen Skandal, und der betroffene Betrieb wird geschlossen oder die schlampige Supermarktkette wird von Greenpeace angeprangert und muss gegensteuern.

Ganz anders sieht es bei Cannabis aus. Weder schaut der Staat auf die Qualität der Produkte, noch hat der Konsument eine Möglichkeit, die Ware zu überprüfen. Dem steht das natürliche Interesse der Händler gegenüber, mit dem Geschäft möglichst viel Geld zu verdienen. Die weniger verantwortungsvollen unter ihnen sind seit jeher schnell bei der Sache, wenn es darum geht, das Gewicht einer Lieferung und damit den Gewinn durch diverse Zusätze zu erhöhen. Streckmittel wie Schuhcreme, Henna, Butter oder Öl sind bei Haschisch auf den ersten Blick kaum zu erkennen. Marihuana, also die reinen Blüten, waren davon bisher weniger betroffen, weil Veränderungen dort leichter zu erkennen sind.

Seit Sommer 2006 hat sich die Situation aber auch bei »Gras« dramatisch zugespitzt. Plötzlich wurde der Markt massenhaft mit Hanfblüten überschwemmt, die mit allen möglichen Stoffen gestreckt waren. Die neuen Streckmittel sind z. B. Talkum, Zucker, Flüssigplastik, Sand, Steinmehl oder auch feinste Glaspartikel. Diese Zusätze sind so in die Blüten eingearbeitet, dass sie insbesondere von weniger erfahrenen Konsumenten schwer erkennbar sind. Im Sommer 2007 wurde an der italienischen Grenze eine ganze LKW-Ladung beschlagnahmt: 219 Kilo Gras – gestreckt mit Glassplittern. Was das für die Gesundheit der Konsumenten bedeutet, wurde bisher nicht untersucht. Es ist anzunehmen, dass die feinen Glaspartikel beim Rauchen mit inhaliert werden, in die Lunge geraten, sich dort festsetzen und in kürzester Zeit zu Lungenschäden führen können. Bei den Streckmitteln handelt es sich um ein weitaus größeres Risiko, als es sauberes Marihuana je sein könnte. Ende 2007 fand diese Entwicklung ihren vorläufigen Höhepunkt, als in Leipzig über hundert Fälle von schweren Vergiftungen durch bleiverseuchtes Marihuana bekannt wurden. Eine Betroffene musste auf der Intensivstation behandelt werden. Die Bundesregierung hat es bisher rigoros abgelehnt, sich mit diesem Problem zu befassen. Die Drogenbeauftragte befürchtet, detaillierte Informationen zu Streckmitteln oder anonyme Analysemöglichkeiten könnten als Verbraucherinformation für Kiffer verstanden werden, die man ja vom Konsum abhalten will. Auch das Bundeskriminalamt kümmert sich nicht um die Streckmittel. Es testet die Proben nur auf den THC-Gehalt, weil dieser für das Strafmaß relevant ist. Die gefährlichen Streckmittel, die eine besondere Gefahr für die Konsumenten darstellen, sind nach dieser Logik strafrechtlich weniger von Bedeutung.

Die Mechanismen des Schwarzmarktes haben noch weitere Auswirkungen auf die Produktionsbedingungen von Cannabis. Das betrifft wiederum insbesondere Marihuana, denn das in Europa erhältliche Haschisch kommt nach wie vor hauptsächlich aus traditionellen Anbauländern wie Marokko. Marihuana hingegen wird mittlerweile hauptsächlich in Europa selbst produziert. Wegen der drohenden Strafverfolgung geschieht das häufig in geschlossenen Räumen unter Kunstlicht (»Indoor«), weil so die Gefahr entdeckt zu werden deutlich geringer ist als beim Anbau im heimischen Garten. Diese Hanfpflanzen sehen also nie Sonne, sie wachsen in einer künstlichen Umgebung unter extremen Bedingungen auf. Natürlich haben die Gärtner ein Interesse daran, möglichst viel Ertrag auf der begrenzten Fläche zu erzielen. Es wird fleißig gedüngt, sodass diese meist chemischen Zutaten oft in die Blüten gelangen und im fertigen Marihuana nachweisbar sind. Dasselbe gilt für Schädlingsbekämpfungsmittel. In der freien Natur ist Hanf sehr robust und genügsam, in einer kleinen Kammer muss dagegen ständig mit Schädlingen, Schimmel und Pilzbefall gerechnet werden. Die niederländische Regierung schätzte im Jahr 2001, dass mindestens 50 Prozent der holländischen Cannabisbauern Schädlingsbekämpfungsmittel verwenden. Konkrete Analysen des Marihuanas aus niederländischen Coffeeshops haben ergeben, dass in den Proben tatsächlich häufig Rückstände von Schädlings-, Pilz- und Fäulnisbekämpfungsmitteln nachweisbar sind. Die Wirkstoffe Fluralaxyl, Propamocarb und Abamectin wurden am häufigsten gefunden. Diese Stoffe sind zum Teil nur für Zierpflanzen zugelassen und können beim Menschen schwere gesundheitliche Schäden hervorrufen. In einer Studie der Universität Leiden in den Niederlanden wurden zehn Proben aus unterschiedlichen Coffeeshops mikrobiologisch analysiert. Alle Proben waren mit Bakterien oder Schimmelpilzen derart belastet, dass die gesundheitlich unbedenklichen Grenzwerte für Inhalationspräparate überschritten wurden. Vor allem bei Personen mit einem bereits beeinträchtigten Immunsystem, beispielsweise Aids- oder Krebs-Patienten, können solche Mikroben und Gifte gefährlich werden. Der Schimmelpilz Aspergillus, der neben anderen in den Proben gefunden wurde, führt bei immunologisch geschwächten Menschen im schlimmsten Fall zu einer tödlichen Lungenentzündung. In der Studie wurden auch zwei Hanfsorten untersucht, die in niederländischen Apotheken erhältlich sind, also unter legalen und überwachten Bedingungen angebaut werden. Diese wiesen nur minimale Spuren von Schimmelpilzen und Bakterien auf, die weit unter den entsprechenden Grenzwerten lagen. Dieses Beispiel macht deutlich, wie wichtig die staatliche Kontrolle für die Qualität der Cannabisprodukte ist.

Das Hanfverbot hat eine Vielzahl negativer bis gefährlicher Auswirkungen auf die Cannabis-Genussmittel, die bei uns erhältlich sind. Wenn Produktion und Handel von Cannabis staatlich reguliert würden, gäbe es entsprechende Kontrollen, die all das weitgehend verhindern würden. Hanf würde häufig in einer natürlichen Umgebung wachsen, es gäbe kaum schädliche Streckmittel und sonstige Rückstände. Sogar ein Biosiegel für Cannabis wäre denkbar. Dazu könnte eine Produktbeschreibung mitgeliefert werden mit Informationen zu Herkunft, Sorte, Wirkstoffgehalten etc. So wäre ein optimaler Verbraucherschutz gewährleistet.

Legales Cannabis wäre auf jeden Fall gesünder und weniger schädlich als der Stoff, den das Hanfverbot hervorbringt.

Vorteile für die Gesellschaft

Alle bisher genannten Aspekte betreffen vor allem die Konsumenten. Die Legalisierung von Cannabis brächte aber auch eine ganze Reihe positiver Effekte für die gesamte Gesellschaft mit sich.

Legale Arbeitsplätze statt Förderprogramm für Kriminelle

Drogenverbote wirken in der Regel wie staatliche Förderprogramme für Kriminelle. Ein stabiler Markt mit Milliardenumsätzen wird ihnen exklusiv reserviert. Es passiert Ähnliches wie in den USA der 20er Jahre, als Alkohol verboten war. Gangs kämpften um die Vorherrschaft im Alkoholgeschäft, Gewalt und Schießereien auf den Straßen nahmen zu. Gangsterbosse wie Al Capone wurden durch das Alkoholverbot regelrecht herangezüchtet. Drogenverbote führen tendenziell dazu, dass Leute das Geschäft übernehmen, denen es nichts ausmacht, gegen Gesetze zu verstoßen, für längere Zeit ins Gefängnis zu wandern oder ihre geschäftlichen Streitigkeiten mangels juristischer Klagemöglichkeiten mit Gewalt zu regeln. Dementsprechend mischen Organisationen im Drogenhandel mit, die gleichzeitig im Menschenschmuggel und Waffenhandel aktiv sind. Man muss zwar an dieser Stelle aufpassen, nicht zu sehr schwarz-weiß zu malen, denn die heutigen Drogenmärkte sind nicht überwiegend in den Händen großer Mafiaorganisationen und schwerkrimineller Menschen. Das gilt gerade für den Hanfmarkt, in dem viele kleine Akteure unterwegs sind, die Marihuana anbauen oder per »Ameisenhandel« über die Grenzen bringen. Auch die größeren Händler handeln zum Teil zwar gesetzwidrig, wenden aber keine Gewalt an, begehen keine anderen Verbrechen und liefern gute Qualität zu fairen Preisen. Dennoch muss man davon ausgehen, dass auch im Hanfmarkt durch das Verbot Verbrecher an das Geschäft herangeführt werden, die man eigentlich nicht fördern will. Insbesondere bei der immer mehr um sich greifenden skrupellosen Nutzung von gefährlichen Streckmitteln wird das deutlich.

Unabhängig davon, wie die einzelnen Akteure bezüglich ihrer kriminellen Energie bzw. unter moralischen Gesichtspunkten zu bewerten sind, führt die Illegalität des Marktes zwangsläufig dazu, dass riesige Geldmengen schwarz verdient werden. Diese beträchtlichen Schwarzgeldbeträge werden zurück in die legale Wirtschaft geschleust und führen dort zu Wettbewerbsnachteilen für Konkurrenten ohne illegale Geldpolster.

Nach einer Legalisierung wären andere Fähigkeiten bei den Händlern gefragt. Sie müssten sich eher mit der Führung eines Unternehmens auskennen als mit Tarnung und Bestechung. Normale Geschäftsleute würden den Markt übernehmen, Fachgeschäfte eröffnen und legale Arbeitsplätze schaffen. Wenn dabei der eine oder andere derzeitige Dealer, der auch bisher auf seine Kunden achtgegeben hat, seinen Arbeitsplatz legalisiert und somit quasi »resozialisiert« wird, ist dagegen nichts einzuwenden. Unsere Berechnungen haben ergeben, dass allein durch ca. 3000 Hanffachgeschäfte in Deutschland bis zu 24.000 Arbeitsplätze entstehen würden. Anbau und Großhandel sind dabei noch gar nicht berücksichtigt.

Die Bundesdrogenbeauftragte Sabine Bätzing sagt dazu: »Was die Schaffung von Arbeitsplätzen angeht, ziehe ich solche Arbeitsplätze vor, die nicht der Herstellung oder dem Vertrieb potenziell gesundheitsschädigender Substanzen dienen.«

Wir meinen, dass die Schaffung dieser Arbeitsplätze eine reizvolle Alternative zur jetzigen Situation ist, in der eine ähnlich große Zahl von Menschen dasselbe Geschäft im kriminellen Umfeld erledigt und dabei noch gesundheitsschädlichere Substanzen vertreibt.

Finanzielle Vorteile

Der Ökonom und Nobelpreisträger Milton Friedman forderte 2005 mit 500 weiteren Kollegen eine Cannabislegalisierung in den USA, weil das Verbot den amerikanischen Steuerzahler jährlich 10 bis 13 Milliarden Dollar an Repressionskosten und entgangenen Steuereinnahmen kostet.

Auch in Deutschland würde eine Legalisierung von Cannabis erhebliche Steuereinnahmen und andere finanzielle Vorteile mit sich bringen. Das ergibt sich einerseits aus den neuen Arbeitsplätzen. Allein die Arbeitsplätze in den Hanffachgeschäften würden nach unseren Schätzungen mindestens 120 Millionen Euro in die Sozialversicherungskassen spülen und um die 50 Millionen Euro Lohnsteuer einbringen. Dazu kommt die Besteuerung des Gewinns der vielen kleinen Shops und großen Händler. Vor allem aber wäre es nach der Legalisierung möglich, eine direkte Cannabissteuer einzuführen, wie sie auch für Alkohol und Tabak existiert. Wir gehen davon aus, dass mit mindestens 550 Millionen Euro an jährlichen Steuereinnahmen zu rechnen wäre. Da der genaue Verbrauch der deutschen Kiffer derzeit schwer abzuschätzen ist, scheint auch weitaus mehr möglich. Dass die Preise für Cannabis durch die Steuer in den Himmel schießen würden, ist nicht zu erwarten. Schließlich würde bei den Händlern der Risikoaufschlag wegfallen.

Ein noch größerer Betrag würde sich durch das Einsparen der Repressionskosten ergeben. Schließlich werden bei Polizei, Justiz, Zoll und Gefängnissen erhebliche Kapazitäten darauf verwendet, das Cannabisverbot durchzusetzen. Alles in allem schätzen wir die Kosten der Repression im Bereich Cannabis auf ca. eine Milliarde Euro pro Jahr.

Zum Vergleich: Laut »DHS Jahrbuch Sucht 2000« lagen die Ausgaben für Suchtprävention bei Bund, Ländern und Kommunen bei 60 bis 80 Millionen DM.

Die hier genannten Zahlen stammen aus eigenen Berechnungen und Schätzungen, die wir anhand ausländischer Studien und Detailinformationen aus Deutschland angestellt haben. Darüber hinaus gibt es in Deutschland leider keinerlei Studien zu dieser Frage, sodass unsere Zahlen bis auf Weiteres als einzige Annäherung an das Thema herhalten müssen. Die Bundesregierung hat sich im Jahr 2007 geweigert, entsprechende Fragen der Grünen Bundestagsfraktion zu beantworten. Man wolle Cannabis ja sowieso nicht legalisieren, also seien die Kosten der Prohibition irrelevant. Ein erstaunlicher Vorgang angesichts der hohen Verschuldung der öffentlichen Haushalte und Einsparungen im sozialen Bereich. Schließlich wird heute bei jedem Gesetz ermittelt, welche Kosten es mit sich bringt. Aber die Kosten der Cannabisprohibition werden blind geschluckt, obwohl diese Maßnahme weit davon entfernt ist, sinnvolle Ergebnisse zu erzielen.

Die Staatsfinanzen sind für sich allein gesehen noch kein ausreichendes Argument für die Legalisierung, sie sollten aber auch nicht völlig ausgeblendet werden. Schließlich wäre eine Verzehnfachung der Ausgaben für Präventionsprojekte und Hilfsmaßnahmen viel effektiver als die Strafverfolgung. Und es bliebe immer noch jedes Jahr eine erhebliche Summe übrig, um Schulden zu tilgen.

Entlastung von Polizei, Justiz und Gefängnissen

Nach einer Legalisierung würden nicht nur Kosten für die Repression eingespart. Polizei, Justiz und Gefängnisse würden auch erheblich entlastet. Anstatt Kiffer zu jagen, könnte sich die Polizei auf Verbrechen konzentrieren, die für die Gesellschaft sehr viel schädlicher sind als der Umgang mit Hanf, zum Beispiel Wirtschaftkriminalität oder Gewaltverbrechen. Die in Deutschland elend langen Gerichtsverfahren kämen wieder in Fluss, weil sich die Richter nicht mehr ständig mit Hanf beschäftigen müssten. Auch die chronisch überbelegten Gefängnisse, die wegen Überfüllung zu reinen Verwahranstalten verkommen sind, würden entlastet und könnten sich mehr mit der Resozialisierung der Häftlinge befassen.

Auswirkungen auf den Umgang mit Cannabis

Die Legalisierung würde problematischen Cannabiskonsum zwar nicht unterbinden, aber sie würde bessere Rahmenbedingungen für einen sinnvollen Umgang mit Cannabis schaffen.

Das Verbot bringt eine Tabuisierung des Cannabiskonsums mit sich. Dadurch wird die Diskussion über Sinn und Unsinn des Kiffens erschwert. Der Konsum findet heimlich statt und kann nur im unmittelbaren Umfeld befreundeter Cannabiskonsumenten erlernt werden. Eltern kommen dafür kaum in Frage, weil die Strafbarkeit jede Diskussion überlagert. Eltern, die ihren Kindern den ersten Schluck Bier mit 12 oder 14 Jahren anbieten, regen sich fürchterlich auf, wenn sie erfahren, dass das Kind mit 16 den ersten Joint geraucht hat. Erst wenn der Schleier des Betäubungsmittelgesetzes vom Cannabis genommen wird, können sich viele Eltern darauf einlassen, dass es sich hier um ein ganz normales Genussmittel handelt. Dann können sie ihren Kindern vielleicht mit Erzählungen über ihre eigenen positiven und negativen Erfahrungen mit Alkohol wertvolle Hinweise liefern oder einiges von ihren Kindern über das Kiffen lernen. So wird ein Weg freigemacht, die Folgen des Konsums der Kinder einzuschätzen und zu beurteilen, ob überhaupt ein Problem vorliegt. Erst über einen solchen Austausch wird es gelingen, die Ursachen für übertriebenen Konsum zu erfahren und daran zu arbeiten.

Auch auf die Informationen, die in der Schule über Cannabis vermittelt werden, hat das Verbot negativen Einfluss. Hier ist zwar zumindest in manchen Bundesländern ein gewisser Fortschritt erkennbar in dem Sinne, dass Lehrern auch durch entsprechende Fortbildungen häufig bewusst ist, dass Cannabiskonsum bei Schülern nicht per se ein großes Problem sein muss. Aber es gibt immer noch viele Lehrer, die nicht objektiv über Wirkungen, Nebenwirkungen und Risiken von Cannabis aufklären, sondern die Droge verteufeln. Das gilt erst recht für die »Drogen-Präventions-Polizisten«, die in vielen Regionen die »Drogenaufklärung« in Schulen übernehmen. Nur extreme Auswirkungen werden genannt: »Cannabis macht abhängig«, »Cannabis kann

Psychosen verursachen«. Diese »Aufklärung« ist für Jugendliche, die meist unauffällige Kiffer kennen oder selbst andere Erfahrungen gemacht haben, äußerst unglaubwürdig. Die Informationen, die häufig in den Schulen über die »gefährliche Einstiegsdroge Cannabis« vermittelt werden, sind jedenfalls nicht geeignet, einen reflektierten und risikoarmen Umgang mit der Substanz zu fördern.

Bilanz

Die Bilanz des Cannabisverbotes fällt verheerend aus. Das Abwägen der gewünschten und unerwünschten Wirkungen der Repression bringt ein eindeutiges Ergebnis: Der Versuch, problematischen Cannabiskonsum durch ein pauschales Verbot zu reduzieren, ist kläglich gescheitert. Es finden sich keinerlei Hinweise dafür, dass das Ziel, den Konsum und das Angebot von Cannabis durch strafrechtliche Mittel zu reduzieren, auch nur ansatzweise erreicht wurde. Dafür hat das Verbot sehr viele negative, teilweise drastische Auswirkungen, die es zu vermeiden gilt. Ein legaler, staatlich kontrollierter Markt für Cannabis-Genussmittel wäre eindeutig die bessere Alternative. Die strafrechtliche Verfolgung von Millionen Mitbürgern würde beendet, die Konsumenten würden vor gefährlichen Streckmitteln geschützt und der organisierten Kriminalität würde ein lukratives Geschäftsfeld genommen.

Erst mit der Aufhebung des Verbotes wird eine offene und ehrliche Diskussion über einen vernünftigen Umgang mit Cannabis möglich werden.

9. Abstinenz und Wirklichkeit

Drogenpolitik dreht sich nicht nur um die Frage der Gefährlichkeit von Substanzen und deren rechtlicher Einordnung. Wir erwarten nicht, dass eine Legalisierung problematischen Cannabiskonsum wesentlich reduzieren wird. Wichtiger ist letztendlich die Frage, ob jeder Einzelne und damit die gesamte Gesellschaft vernünftig mit Genussmitteln umgehen kann. Aber was soll das überhaupt bedeuten, ein vernünftiger Umgang mit Drogen? Kann es das geben? Ist das überhaupt erwünscht? Wie soll das aussehen? Und wie kann man das erreichen?

Ohne Rauch geht's auch?

Allein von einem vernünftigen Umgang mit Drogen zu sprechen, stößt vielen, die Drogenkonsum generell ablehnen, sauer auf. Warum nicht vor dem Konsum von Drogen allgemein warnen und darauf hinarbeiten, dass möglichst wenig oder gar nicht konsumiert wird? »Man kann auch ohne Drogen Spaß haben« oder »Ohne Rauch geht's auch« sind gängige Präventionsbotschaften. Das ist mitunter angemessen und gewinnt an Bedeutung, wenn Jugendliche sich kaum noch Freizeitgestaltung ohne Kiffen oder Alkohol vorstellen können.

Andererseits ist der Drang nach Rauschzuständen offensichtlich Teil der menschlichen Natur. Seit Anbeginn der Menschheit werden verschiedene pflanzliche Drogen genutzt, um einen außergewöhnlichen Bewusstseinszustand zu erlangen. Auch dazugehörige Rituale und die soziale Funktion des gemeinsamen Konsums spielen eine Rolle. Früheste Zeugnisse menschlicher Kulturen deuten auf den Konsum von Hanf, Pilzen, Kakteen, Opium und vergorenen Früchten hin. Auch in der heutigen Zeit gibt es kaum erwachsene Menschen, die nicht in der einen oder anderen Form Erfahrungen mit psychoaktiven Substanzen gesammelt haben. Die meisten nutzen sie mehr oder weniger regelmäßig, sei es Alkohol, Tabak, Kaffee, diverse Medikamente oder derzeit illegale Drogen.

Vor diesem Hintergrund erscheint es völlig weltfremd, eine abstinente Gesellschaft erschaffen zu wollen. Die Botschaft »Man muss doch keine Drogen nehmen, Grillen ist auch schön« greift deshalb zu kurz. Der natürliche Drang, Rauschmittel zu konsumieren, und die Vorteile, die dieser Konsum subjektiv für den Einzelnen mit sich bringt, wiegen viel stärker als die Angst vor gesundheitlichen Gefahren oder dem strafrechtlichen Risiko, das damit bei manchen Substanzen einhergeht.

Ob eine vollkommen abstinente Gesellschaft wünschenswert wäre, mag jeder für sich selbst entscheiden. Jedenfalls bleibt diese Vorstellung trockene Theorie.

Drogenmündigkeit

»Menschen nehmen Drogen«, das scheint eine Art unumstößliches Naturgesetz zu sein. Es kann nicht darum gehen, ob Menschen zu Genussmitteln greifen. Viel entscheidender ist die Frage, wie sie das tun. Man kann Drogen nicht pauschal als Geißel der Menschheit verurteilen. Die meisten Menschen konsumieren diverse Substanzen, weil sie sie als Bereicherung ansehen, weil sie ihnen Freude oder Entspannung bringen.

Obwohl fast alle Menschen in ihrem Leben Drogen konsumieren, entsteht nur für die wenigsten ein ernsthaftes und dauerhaftes Problem. Die meisten lernen mit der Zeit einen Umgang mit ihren Lieblingssubstanzen, der durchaus verträglich ist. Dafür gibt es den schönen Begriff der »Drogenmündigkeit«. Wer drogenmündig ist, ist in der Lage, seinen Konsum zu reflektieren und selbst zu kontrollieren, ohne sich von einer Substanz oder von außen stehenden Personen oder äußeren Umständen Zeitpunkt und Umfang des Konsums vorschreiben zu lassen. Man ist sich der Herausforderungen bewusst, die mit dem Konsum einhergehen, und kann den gelegentlichen Ausnahmezustand genießen. Man beobachtet positive und negative Wirkungen des eigenen Konsums und kann gegebenenfalls gegensteuern. Genau diese Fähigkeiten gilt es zu fördern, wenn man problematischen Drogenkonsum vermeiden will. Es greift zu kurz, nur darüber nachzudenken, warum Menschen Probleme im Umgang mit Drogen haben. Wir brauchen auch einen positiven Bezug zum Konsum von Rauschmitteln, müssen herausfinden, welche Faktoren dafür verantwortlich sind, dass ein Großteil der Menschen keine Probleme mit der Gesundheit bekommt oder eine Abhängigkeit entwickelt, und wie sie es schaffen, zufrieden und glücklich mit ihren Drogen zu leben. Diese Fragen sind lange vernachlässigt worden, sodass in dieser Hinsicht noch ein großer Forschungsbedarf besteht.

Für die Frage, ob jemand problematisch oder kontrolliert und genussvoll mit Rauschmitteln umgeht, ist die Motivation für den Konsum entscheidend. Wer gelegentlich Alkohol auf Partys konsumiert, um Spaß zu haben, kann zwar auch in eine Sackgasse geraten, aber er ist weniger gefährdet als jemand, der auf Dauer seinen Kummer ertränken will. Man kann Probleme zwar kurzfristig wegsaufen oder -kiffen, aber wenn die Wirkung nachlässt, sind die Probleme sofort wieder da und die Versuchung, gleich weiter zu konsumieren, kann groß sein.

Eine weitere Voraussetzung für risikoarmen Rauschmittelkonsum ist ein stabiles soziales Umfeld, das einem in schwierigen Situationen beisteht oder auch mit dem Zaunpfahl winkt, wenn ein übertriebener Konsum sichtbar wird.

Nicht zuletzt ist es wichtig, dass die Menschen gut informiert sind über die Substanzen, die sie sich zuführen. Nur wer über die jeweils unterschiedlichen Risiken der Stoffe Bescheid weiß, kann sie verantwortungsvoll nutzen und an der richtigen Stelle »Nein« sagen.

Dass es bei der Vermeidung von Problemen mit Alkohol genau um solche Ansätze geht, bewussten und maßvollen Konsum zu fördern, darin sind sich die meisten Experten einig. Bei Cannabis schwenken dieselben Fachleute zu einer Null-Toleranz-Haltung um, einzig und allein deshalb, weil es sich um eine verbotene Substanz handelt.

Wie können Staat und Gesellschaft Drogenmündigkeit fördern?

Die Möglichkeiten des Staates, Drogenmündigkeit zu fördern und so Probleme im Umgang mit Drogen zu verringern, sind begrenzt. Es ist eine komplexe Angelegenheit, Kinder zu starken Persönlichkeiten zu erziehen, stabile soziale Netze zu fördern oder die Konsummotivationen der gesamten Bevölkerung zu beeinflussen. So etwas kann nicht per Gesetz verordnet werden. Das ist ein Dilemma für Politiker, von denen verlangt wird, dass sie etwas gegen Drogenprobleme unternehmen. Da ist es einfacher, Drogen zu verbieten. Wenn Wähler und Medien weitere Maßnahmen gegen Drogen fordern, verfallen Politiker gerne dem Reflex, Gesetze zu verschärfen und mehr Geld für Polizei und Gefängnisse auszugeben. Immerhin kann man so als Volksvertreter Entschlossenheit zeigen. Dieser Zusammenhang ist ein wesentlicher Grund dafür, dass die Politik so eisern an der repressiven Drogenpolitik festhält – eine hilflose Geste eines überforderten Staates.

Einige Dinge kann der Staat allerdings sehr wohl tun. Immerhin hat er Einfluss auf Schulen, Jugendeinrichtungen und Bildungsstätten, also Orte, an denen die wichtige Zielgruppe der Jugendlichen erreichbar ist.

Insbesondere die Förderung des Selbstbewusstseins und der Konfliktfähigkeit von Kindern wird heute als entscheidende präventive Aufgabe der Schulen angesehen und als Drogenprävention angepriesen. Obwohl diese erzieherischen Ziele eine Selbstverständlichkeit sein sollten, sind sie auch im Hinblick auf die Förderung von Drogenmündigkeit sinnvoll.

Fakt ist, dass entsprechende »Persönlichkeitsprogramme« einen großen Teil der derzeitigen schulischen Drogenprävention ausmachen. Allerdings zielen sie in der Regel nicht auf einen mündigen Drogenkonsum, sondern auf Abstinenz ab: »Starke Kinder brauchen keine Drogen.«

Was in den Schulen zu kurz kommt, ist die Förderung von bewusstem Drogenkonsum. Auch wenn in dieser Hinsicht Fortschritte zu beobachten sind, geht es im Unterricht doch eher darum, Alkoholkonsum so weit wie möglich zu reduzieren und den Gebrauch von Cannabis von vornherein abzulehnen. Wenn man bedenkt, dass wahrscheinlich alle Schüler einer Klasse im weiteren Verlauf ihres Lebens Rauschmittel konsumieren werden und ein großer Anteil bis zum Ende der Schullaufbahn Cannabis probiert, wird deutlich, dass die Schüler mit einem solchen Unterricht nicht gut auf die Realität vorbereitet werden. Viel sinnvoller wäre es, über verschiedene Konsummotive und -situationen zu sprechen und sie zusammen mit den Schülern zu bewerten. Dabei sollte auch thematisiert werden, dass Kiffen für viele in der passenden Situation ein großer Spaß sein kann. Erst dann wird die Information für Schüler glaubhaft, dass man es auch übertreiben kann und in vielen Situationen ein klarer Kopf erforderlich ist.

Das Gleiche gilt für die reine Substanzkunde, also die Vermittlung von Informationen zu den Wirkungen und Risiken des Cannabiskonsums. Wenn im Zusammenhang mit Cannabis nur gelehrt wird, dass es Psychosen fördert und abhängig macht, werden viele Schüler das eher lächerlich finden, weil sie in ihrem direkten Umfeld andere Erfahrungen sammeln. Offensichtlich einseitigen Informationen werden sie kein Gehör schenken. Erst wenn aufgegriffen wird, dass Cannabis auch Euphorie hervorrufen kann, wird die Warnung vor einer Schädigung der Atemwege glaubwürdig sein.

Über solche Fragen hinaus ist es weniger Aufgabe des Staates als vielmehr der Gesellschaft, Drogenmündigkeit zu fördern. Eine Drogenkultur mit Regeln, Vereinbarungen und sozialer Kontrolle ist dafür entscheidend. Familie, Freunde, Kollegen – alle sind gefragt, wenn es darum geht, gemeinsam Alkohol oder Cannabis zu genießen, aufeinander achtzugeben und sich gegenseitig beizustehen, wenn jemand in eine schwierige Lage gerät.

Über dieses soziale Miteinander hinaus ist es wichtig, dass offen über Drogen und Erfahrungen gesprochen werden kann. Nur so kann aus Fehlern anderer gelernt werden. Der Sozialforscher Klaus Hurrelmann führt das zunehmende »Komasaufen« Jugendlicher unter anderem darauf zurück, dass Alkoholkonsum immer seltener in der Familie angeleitet wird. So machen Jugendliche häufiger ihre ersten Erfahrungen im Kreise ihrer ebenfalls unerfahrenen Freunde und landen nicht selten im Krankenhaus. Hurrelmann plädiert dafür, dass die Anleitung zum Alkohol-

und auch zum Cannabiskonsum in der Familie stattfinden sollte.

Natürlich erwarten wir nicht, dass die Gesellschaft jetzt unmittelbar zu einem besseren Umgang mit Cannabis findet. Wir wollen lediglich darstellen, worauf es ankommt, wenn problematischer Cannabiskonsum minimiert werden soll. Letztendlich muss jeder die Verantwortung für sich selbst übernehmen und entscheiden, ob er die Finger vom Hanf lassen, sich damit den ganzen Tag zudröhnen oder ihn gelegentlich genießen will.

Ein Patentrezept für den Umgang mit Cannabis und anderen Rauschmitteln gibt es nicht. Es wird immer Menschen geben, die durch Drogen Schaden davontragen. Der Staat kann ihnen lediglich die notwendigen und objektiven Informationen mit auf den Weg geben, damit sie ihren Konsum bewusst gestalten können. Und er kann Rahmenbedingungen schaffen, die eine ehrliche Diskussion über das Thema fördern, anstatt mit Verboten zusätzlichen Schaden anzurichten.

Grußwort von Hans-Christian Ströbele (MdB, Bündnis 90/Die Grünen)

Liebe Leserinnen und liebe Leser,

seit der Zeit der ersten Haschrebellen Ende der 60er Jahre setze ich mich für die Legalisierung des Cannabis ein. Zusammen mit den Grünen und in Reden auf der jährlichen Hanfparade in Berlin fordere ich: »Gebt das Hanf frei!!«. Stefan Raab hat daraus sogar einen Song gemacht, der so erfolgreich war, dass er es in den Charts auf Platz 3 geschafft hatte.

Ich selbst habe nie gekifft, ich rate gerade auch Jugendlichen ab, Drogen zu nehmen. Aber ich sehe es als eine der großen Lebenslügen unserer Zeit, dass Drogen wie Alkohol und Zigaretten nicht nur legal und frei verkäuflich sind, sondern dafür sogar aggressiv und subtil in öffentlich-rechtlichen Medien geworben werden darf, während Besitzer und Händler von Cannabis kriminalisiert und mit Gefängnis bedroht werden. Das halte ich für ungerecht, zumal die legalen Drogen um ein Vielfaches gefährlicher für Gesundheit und gar Leben der Menschen sind als das vergleichsweise harmlose Cannabis. Die meisten der Cannabis-User konsumieren nicht weniger bewusst und verantwortungsvoll als Trinker und Tabakraucher.

Aus jahrzehntelangem Umgang gerade auch als Strafverteidiger von Kiffern habe ich die Erfahrung gesammelt, dass diese weniger Gesundheitsschäden erleiden als die Anhänger der anderen Drogen. An den Folgen des Genusses von Cannabis sterben die Menschen nicht, während jedes Jahr viele Zehntausende als Folge von Alkohol- und Zigarettengebrauch ihr Leben verlieren. Aus dem persönlichen Umgang weiß ich: Kiffer sind friedlicher und weniger aggressiv als viele Alkoholabhängige.

Unzählige Angeklagte habe ich vor Gericht in Prozessen gegen den Vorwurf vertreten, Cannabis besessen, gehandelt oder angebaut zu haben. Viele wurden zu hohen Strafen verurteilt. Gerade dadurch gerieten sie häufig immer tiefer in den Sumpf der Kriminalität. Wie im Chicago der 20er Jahre, als Folge der Prohibition von Alkohol, gedeihen in diesem Sumpf schrecklichste Verbrechen, bis hin zu Erpressung, Frauenhandel, Totschlag und Mord. Die hohen Profitraten machen es möglich. Je härter die Strafverfolgung, umso mehr Geld lässt sich mit illegalen Drogen verdienen.

Die Gefängnisse sind voll mit wegen Drogendelikten Verurteilten. Justiz und Polizei sind total überlastet mit Drogenverfahren. Der Krieg gegen die illegalen Drogen ist nicht zu gewinnen. Fachleute aus Gerichten und Polizei fordern deshalb zumindest die Entkriminalisierung von Cannabis.

Ein legaler Markt für Cannabis könnte reguliert und kontrolliert werden. Jugendschutz wäre besser durchsetzbar. Verbote oder hohe Strafen haben die Zahl der KonsumentInnen von Cannabis nicht gesenkt.

Nur nach einer Legalisierung könnte ein Verbraucherschutz gewährleistet werden. Verunreinigungen wie z. B. durch Blei – wie erst kürzlich in Ostdeutschland passiert – könnten verhindert werden, genauso wie der Zusatz von Süchtigmachern. Konsumenten dürfen nicht länger solchen Gefahren ausgesetzt werden. Deshalb brauchen wir kurzfristig flächendeckendes Drug-Checking, mit dem –

ohne Angst vor Strafe – Hanf auf seine Reinheit hin untersucht werden kann.

Menschen, die den Konsum von Cannabis nicht vertragen, die vom (übermäßigen) Konsum krank und abhängig werden, muss geholfen werden, etwa durch Therapien. Sie ins Gefängnis zu werfen oder ihnen den Führerschein zu entziehen ist meist kontraproduktiv und verschlimmert deren Lebenssituation nur. Unsere Gesellschaft muss sich offen die Frage stellen, warum es Menschen gibt, die übermäßig Drogen nehmen. Nur so kann man die Zahl der Drogentoten und Abhängigen reduzieren.

Vielen tausend Menschen kann mit legalem Cannabis geholfen werden, um mit Krebs oder anderen schweren Erkrankungen fertig zu werden. Symptome und Leiden könnten durch Hanf als Medikament gelindert werden. Stattdessen zwingt die Pharmaindustrie die Patienten zu meist teuren Alternativen mit begrenzter Wirkung oder schweren Nebenwirkungen. Cannabis ist eine natürliche und schonende Medizin, die unter Strafe steht.

Hanf ist eine alte, europäische Kulturpflanze. Schon in Märchen finden wir Hanfseil, Hanfsack oder Hanfkittel. Ich trage gerne Schuhe, Hosen oder Jacken aus Hanf. Wie auch dieses Buch zeigt, ist Hanf eine der vielseitigsten Pflanzen der Welt. Wir Menschen sollten sie als Geschenk betrachten und wieder mehr nutzen.

Viele Grünen-Wähler sind zu Recht sauer, dass von der rot/grünen Koalition die Legalisierung oder Entkriminalisierung nicht vorangetrieben wurde. An uns Grünen hat es nicht gelegen. Der Koalitionspartner SPD wollte davon nichts wissen. Schon über kleinste Verbesserungen wie die Festsetzung einer bundesweiten, straffreien Obergrenze für den Besitz von Hanf oder die Zulassung als Medizin wollte die SPD nicht einmal reden. Gründe dafür sind Unkenntnis, ideologische Vorbehalte und die Angst vor einer Überschrift in der Bildzeitung wie etwa: »SPD jetzt auch für Drogenfreigabe«.

Deshalb ist es wichtig, dazu leistet auch dieses Buch einen großen Beitrag, dass wir das Thema Hanf in die Öffentlichkeit tragen und mit Politikern und Gesellschaft offen und ehrlich über das Für und Wider der Legalisierung und die Gefahren und Potenziale des Hanfs diskutieren. Alle Freunde und Freundinnen des Hanfs können dazu beitragen. Jeder und jede kann helfen, in der Debatte mit Mitmenschen und Politikern ein neues gesellschaftliches Bewusstsein zu schaffen. Es ist noch ein weiter Weg bis zur Legalisierung. Packen wir es an. Dieses spannende Buch gibt viele wichtige Informationen und Argumente. Ich hoffe, Sie hatten vergnügliche und informative Stunden bei der Lektüre!

Mit freundlichem Gruß,
Ihr Hans-Christian Ströbele

Literaturliste

Von Hanf ist die Rede. Kultur und Politik einer Pflanze
Hans-Georg Behr
Rowohlt
ISBN: 978-3499178788

Die Wiederentdeckung der Nutzpflanze Hanf
Jack Herer, Mathias Bröckers
Heyne (1996)
ISBN: 978-3453115668

Marihuana. Die verbotene Medizin
Ellis Huber, Lester Grinspoon, James B. Bakalar
Zweitausendeins (10. Auflage 1998)
ISBN: 978-3861502739

Globalisierte Drogenpolitik. Die protestantische Ethik und die Geschichte des Drogenverbotes
Tilmann Holzer
VWB-Verlag (2002)
ISBN: 978-3861352457

Die national- und internationalrechtliche Grundlage der Cannabisprohibition
Nicole Krumdiek
LIT-Verlag (2006)
ISBN: 978-3825895432

Das Hanf Handbuch
Hainer Hai, Ronald Rippchen
Piepers Medienexperimente (1994)
ISBN: 978-3925817731

Hanf als Medizin
Franjo Grotenhermen
AT Verlag (2004)
ISBN: 978-3855029440

Was tun, wenn Cannabis zum Problem wird?
Leitfaden für KonsumentInnen, Eltern, LehrerInnen und BeraterInnen in der Drogenhilfe
Brigitta Kolte, Henning Schmidt-Semisch, Heino Stöver (Hrsg.)
Fachhochschulverlag (2006)
ISBN: 978-3936065640

Auswirkungen des Cannabiskonsums
Dieter Kleiber, Karl-Artur Kovar
Wissenschaftliche Verlagsgesellschaft mbH Stuttgart, WVG (1997)
ISBN: 978-3804715554

Cannabis-Konsum
Entwicklungstendenzen, Konsummuster und Risiken
Dieter Kleiber, Renate Soellner
Juventa-Verlag (1998)
ISBN: 978-3779911777

Drogen und Drogenpolitik – Ein Handbuch
Sebastian Scheerer, Irmgard Vogt
Campus-Verlag (1989)
ISBN: 978-3593336756

Aktuelles und Hintergründe zum Thema:
www.hanfverband.de

Olaf Karnik / Helmut Philipps. Reggae in Deutschland.
KiWi 1017

Noch nie ist die Geschichte des Reggae in Deutschland erzählt worden, dabei gehört diese Musik zu den erfolgreichsten Strömungen der letzten Jahre. Reggae ist trotzdem eine Subkultur geblieben, die ihre ganz eigenen Gesetze hat. Olaf Karnik und Helmut Philipps haben sich auf die Suche nach den Ursprüngen gemacht und stellen die wichtigsten Sound Systems, Artists, Produzenten und Labels aus Deutschland vor.

www.kiwi-verlag.de

Silvana Klein. Affenliebe. Die Geschichte eines langen Entzugs. KiWi 689

»Das erste Mal kam ich mit LSD in Berührung als ich im Fruchtwasser meiner lieben Mama schwamm. Erfahren habe ich es aber erst 15 Jahre später, als ich mit ihr den ersten – oder, wenn man so will, zweiten – Trip nahm. Und um noch mal vorzugreifen: Am 11. September 1989 setzte ich mir wieder mit Mama, den letzten Druck. Seitdem bin ich absolut pillen- und pulverclean.«

Ein unsentimentales und anrührendes Buch, das authentisch aus einer verdrängten Welt berichtet.

www.kiwi-verlag.de

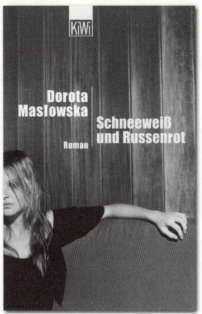

Dorota Masłowska. Schneeweiß und Russenrot. Roman.
Deutsch von Olaf Kühl. KiWi 813

Erzählt wird die Geschichte von Andrzej, genannt »der Starke«, der von seiner Freundin verlassen wird und dies von seinen Freunden erfährt. Auf der Suche nach Speed lässt er sich mit verschiedenen Frauen ein, verliert seinen Hund, fährt ans Meer, wird verhaftet und verhört und kommt ins Krankenhaus.
In einer völlig neuen Sprache, gelingt Dorota Masłowska ein ganz erstaunliches, literarisches Porträt.

www.kiwi-verlag.de

realh wäre, aber ebgleich: von ihm abhängt. Eine Skulptur sollte sich gleichsam unter verzehren und nee von selbst herstellen als Bild. Aus der Materie selbst sollte allmählich gleichsam das Bild hervorgehen. Von Michelangelo und Meister wird verlangt, und verlangen und aus einer völlig leeren Fläche gelingt Donna Marina als ein grandios gestaltetes literarisches Porträt.

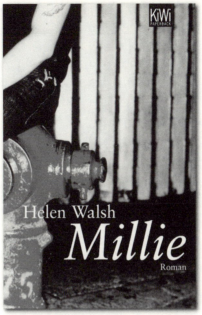

Helen Walsh. Millie. Roman. Deutsch von C.Drechsler und H.Hellmann. KiWi 940

Helen Walsh nahm mit 13 zum ersten Mal Ecstasy. Mit 16 ist sie nach Barcelona abgehauen, wo sie sich mit Barjobs durchschlug. Abgebrannt kam sie zurück nach Liverpool und studierte. Mit 26 schrieb sie ihren ersten Roman – über Sex und Drogen, Selbstzerstörung, die runtergekommenen Ecken von Liverpool. Neuer Feminismus oder Pornographie, fragten sich die Kritiker in England.

www.kiwi-verlag.de

Oonagh O'Hagan. Ich brauchte den Schinken. WIRKLICH!
Ein Bilderbuch aus dem ganz normalen WG-Wahnsinn.
KiWi 1049

Wer in einer WG gewohnt hat, weiß: Mitbewohner, die man als völlig normal eingeschätzt hat, beweisen im Alltag absurde Vorlieben, pflegen kuriose Rituale und entwickeln seltsame Angewohnheiten. Der beste Beweis: Zettel! Oonagh O'Hagan hat über Jahre Notizen gesammelt, mit denen in WGs der Alltag organisiert wird. Es geht um alles – Flirten, Kühlschrankabteile, Eifersucht, Alkohol, Sex und natürlich darum, wer dran ist mit Spülen. Ein wunderbar witziger Einblick in das Privatleben von WG-Bewohnern, in denen man sich erschreckend leicht wiedererkennt.

www.kiwi-verlag.de

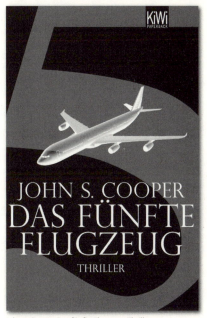

John S. Cooper. Das fünfte Flugzeug. Thriller.
Deutsch von Sam van Heist. KiWi 1001

Unglaublich. Unfassbar. Aber nicht unmöglich. Die Story des Jahrhunderts – ein atemberaubender Politthriller über die Hintergründe des 11. September.

»John S. Cooper hat einen Thriller um die populärsten Konspirations-Theorien gestrickt. Ein Roadmovie auf Leben und Tod ... Thriller, Satire und Polit-Groteske in Einem ... sofort und unmittelbar verfilmbar.«
Spiegel-Online

www.kiwi-verlag.de